変わる学校、変わらない学校　実践編Ⅱ

先生がつぶれる学校、先生がいきる学校

働き方改革とモチベーション・マネジメント

妹尾昌俊 著

第Ⅱ巻のはじめに

本書は、**学校現場のありがちな失敗やさまざまな苦労話をもとにした事例（ケース）を検討しながら、学校の課題分析や解決策をものすごく具体的に考えていくことができる**一冊です。

学校教育に関する本は既にたくさん出ていますが、おおよそ2〜3種類に分けることができると思います。

①研究者が理論的な研究成果やデータ分析の結果を紹介、解説するもの

このタイプの研究の重要性はとても高いと思いますし、本書もデータ、事実に基づいて検討することを重視しています。しかし、"So What?"が弱い、つまり、きれいに分析できても「それで学校は、教職員は、保護者はどうしたらよいと言うのだ?」という疑問が残るものも多いです。

世の中は複雑です、とりわけ子どもたちが関わる学校現場では。特効薬やこれさえやればOKというものはないのでしょうが、「それでどうしたらよいのか」にもっと具体的に向き合えなければ、学校や教育行政では活用されにくいものとなります。

②校長経験者や教育評論家が自身の経験等から成功の秘訣を解説するもの

①と比べて、こちらはとても具体的なので、現場にとっては参考にしやすいと思います。しかし、「この人の経験やこの学校ではそうかもしれないけれど、うちの学校でも本当にそう言えるのだろうか」という疑問がわきます。

「東大に合格させた母の本」の類もよく売れているようですが、同じ問題を含んでいます。似たような勉強法等を採っていて不合格になった家庭も多いでしょうが、そういう情報は表に出てきません。ある特定の経験や方法論がどこまで当てはまるのか、慎重に検討したいところです。

本書はこのいずれでもないという意味で、かなり珍しい部類に入ると思います。理論やデータ分析結果、あるいは先進的な事例などを必要に応じて参照しつつも、基本的には、「あなたならどう考えるか」、「あなたの学校ではどうか」と問い続けるものとなっています。

本を通じてではありますが、あたかもアクティブ・ラーニング型のワークショップ研修に誘《いざな》いたいと思います。わたしとしては、さまざまな**研究成果や実践例を、読者のあなたが自分事として応用し、行動に移すための橋渡し**をしたいのです。校長や教職員の方がご自身の学校づくりや学校経営を振り返り、明日からのアクション（行動）を考える場としてくださるとうれしいです。（このため、各ケースのあとの設問には、一通り考えをめぐらせて、メモなどをとったうえで、解説をお読みください。）

また、保護者や地域住民、企業、NPO等の立場から学校を応援・支援したい方向けにもなっています。わたし自身、その立場です。子どもの小学校のPTA役員をしていますし、あるNPOのスタッフとして、中高生と地域人材が地域の魅力アップに取り組む学びの場をプロデュース、ファシリテートしています。仕事では、学校マネジメントの専門家として、校長や教育委員会の相談にのったり、校内外研修の講師をしたり、中教審（中央教育審議会）で政策提案をしたりしています。保護者や企業等の方にとっても、**学校のリアル（現実）を理解し、学校と協働していくうえで役立つヒントがきっとある**と思います。

拙著『変わる学校、変わらない学校』では、うまくいっている学校とそうではない学校（＝「変わる学校」と「変わらない学校」）のちがいを解説しました。

本書は、「変わる学校、変わらない学校　実践編【Ⅱ】」と題して、実践編シリーズの2冊目にあたります。（1冊目はあとで何度か言及しますが、『思いのない学校、思いだけの学校、思いを実現する学校――ビジョンとコミュニケーションの深化』です。）

本書のメインテーマは「人」、「教職員という人材」です。教職員のやる気を真に高めるには何が重要なのか、また、個人個人が頑張るだけでなく、学校がもっと〝チーム〟となっていくためには何が必要なのかを考えます。

併せて、教職員にとっていま、最も悩ましいのは、とにかく忙しいということです。〝ブラックだ〟などと呼ばれると、「一生懸命やっているのに心外だ」と思われる先生方もいるでしょうし、そうしたセンセーショナルな言葉で複雑な学校現場をとらえきれるものでもないと思いますが、日本の学校での長時間労働の蔓延は深刻な事実です。

本書は〝ブラック〟な学校の実態と背景をなるべく丁寧に紐解き、長時間労働の是正、働き方改革は、そもそもなぜ必要なのか、そして何を行わなければならないのかも具体的に考え、行動できるようにしていきます。

タイトルは『**先生がつぶれる学校、先生がいきる学校**』としました。まじめで熱心な先生が、健康やこころ、家庭、自分の好きなことを犠牲にして、不本意にも教壇から去っていく現状は、なんとしても変えていきたい、という思いから本書をつくりました。

「先生がいきる学校」というのは二つの漢字をあてることができます。

「生きる」と「活きる」です。

先生たち（校長や教師に限らず、学校事務職員やカウンセラー、部活動指導員、サポート・スタッフ等も含めて）が元気に仕事ができ、成長できる、活力あふれる学校を増やしたい、という思いからそうしました。

関連して、わたしもアドバイザーとしてかかわった横浜市の計画（「横浜市立学校 教職員の働き方改革プラン」）のコンセプトは、〝先生のHappyが子どもの笑顔をつくる〟というものです。子どもたちのためにも、「先生がつぶれる学校」でよいわけがありません。先生が幸せになれる学校にしていきたい、と強く思います。

本書をご活用いただき、**全国各地の学校でモチベーション・マネジメントや働き方改革が大きく前進し、「先生がいきる学校」が増える**ことを願っています。

目次

2 教師の過労死を二度と起こさないために

5 〝ブラック部活〟をどうするか
——多忙とやりがいとの葛藤、自由と規制の振り子

第１章

教職員を動かすには なにが必要か

――モチベーション・マネジメントのススメ――

モチベーションは、職場を動かし
組織を動かすもっとも大きな要因である。
――経営学者　田尾雅夫――

フィードバックとは、耳の痛いことを伝えて、
部下と職場を立て直す技術。
――教育学者・経営学者　中原 淳――

1 どんなときに先生たちの心に火が付くのか？

《ケースのねらい・背景》

みなさんは、日ごろ部下や同僚の情熱やモチベーションを高めるために、なにか心がけ、実践していることはあるでしょうか。

※本書では「やる気、働く意欲」のことを「モチベーション」と呼びます。

読者のなかには、「一人前の教師ならば、他人からあれこれ動機付けられるというよりは、自分の中に強い使命感をもっている。自ら進んで周りから学び、自分で成長していくものだ。オレの若い頃もそうだった。」という考えの管理職やベテランの方も少なくないかもしれません。または、「忙しくて自分のことで精いっぱい。同僚のやる気まで面倒みる余裕はありません。」という方もいると思います。

そんな方にこそ、このケースをもとに考えてほしいと思います（以下、特に断りがない限り、ケースは架空のもの）。教職員のやる気、モチベーションを高めるにはどうするかについて。

【ケースNo.006：先生になろうと思ったときのこと】

市立横羽中学校の校長、奥山恵（46歳）は、校長になって2年目、当初は戸惑うことばかりだった学校運営にもずいぶん手ごたえを感じ始めていた。もともとは一部上場企業で新人トップの営業成績をおさめるなど、輝かしい経歴をもつ彼女だが、企業文化と学校文化のちがいには、驚くことが多かった。自分の子の公立小学校入学とともに、PTA役員を務めるなど、学校教育にも相当関わりをもってきたつもりだが、やはり校長として接する景色はまったくちがっていた。

企業との一番のちがいは、トップとはいえ、人事上の権限は弱く、教職員を動機付けるには、賞与などの処遇や昇任、配置（異動）で報いることはむずかしい、ということだった。

また、人権や道徳を教える立場の人の集まりの職員室で、男尊女卑的な発言やパワハラともとれる言動がときどきあるのも、驚いた。自分のほうが10歳以上も年下で、教職経験なし、しかも女性というのは、50代後半のベテラン男性教諭のなかにはしっくりこない人もいるようだ。ある程度は予想していたが。

とはいえ、くじける奥山ではない。企業のときと同じように、必要な情報も人も現場にある、ということを彼女は感じ取っていた。

学校でもっとも大事な現場といえば、それは教室だ。教科指導のことは素人とはいえ、生徒の目線で、わかりやすい進行なのかどうか、好奇心を高められるようなものになっているか、置いてきぼりの生徒はいないかなどを観察することはできる。学校では授業がもっとも大切な商品（サービス）なのだから、授業のあり方について教職員と話せるようにならなければ、そう奥山は考えた。

そこで、昨年着任した4月から始めたのは、授業を観て回るということだ。なるべく50分フルで1人の先生に密着する。人事評価にまったく影響がないわけではないが、直接関係するものではないと伝えている。授業改善のため、それから、奥山自身が作成する学校便りの取材のため、と伝えている。実際、奥山は、校内でもっともカメラをもって歩き回っている職員だ。

いまの職員数と校長の業務からも、1学期のうちに一人ひとり1、2回は観ることができる。授業参観中には、奥山からは一切口をはさまない。代わりに、時系列でどんなことがあり、何が気になったのかを詳細にノートに書き取る。

なるべくその日の空き時間か放課後につかまえて、授業者に5分、10分でもフィードバックすることにしている。中学校の教員は、プロ意識が高く、授業とその準備にこだわりをもっている人は少なくない。最初は授業を観られることを煙たがった教員もいたが、フィードバックをやってみると、まんざらでもない様子だった。

教員免許をもっていないとはいえ、「○分ごろの〜の解説のとき、生徒の目は輝いていましたよ」、「○○のグループワークでは、A君やBさんが付いてきていないように感じましたが、お気づきでしたか」など事実に基づく根拠のある奥山の言葉は、多くの教員にとって有益な情報となった。なにしろ、OECDのなかでも日本の公立中学校は、1クラスあたりの生徒数が一番多いのである（2014年）。生徒一人ひとりを丁寧に見たいと思っても、教師一人の目では限界もある。この問題は、奥山が昨年の職員会議で投げかけていたことでもあった。

教員とのコミュニケーションは、最初からうまく進んだことばかりではなかったが、2年目の今年は、授業内容ばかりの話にならないよう、より工夫することにした。教師になった最初のころの思いや、教師を続けることの意味を問いかけるようにもしたのだ。つまり、その人の原点を思い出すことで、忙しい日々のなかでも、大切にしたい志を呼び戻そうとしたわけである。それは、細かな授業の進め方を見直すこと以前に、大事なことのように今は感じている。

たとえば、こんなふうに。

＊＊＊＊＊

奥山校長：前野先生、先ほどの授業、とても勉強になりました。生徒、たくさん手が挙がっていて。先生もよく準備されていましたね。

前野教諭（数学科、男性、27歳）：ええ、まあ。新採とはいえ、3年間常勤講師していたこともあって、今日の単元は以前も経験していたので、あのときよりは今日はいい手ごたえでした。

（……授業内容についての対話が続いたあと……）

奥山：ところで、みなさんに聞いているんですが、前野先生は、どうして教師を志したんですか？　何かきっかけのようなものは、あったのでしょうか？　たしか工学部出身で、中学校の先生になるのは比較的珍しいと思いますが。

前野：そうですね、研究室仲間では博士課程や企業に行くやつも多かったんですが、ぼくは、漠然とではありますが、中学の頃から教師になりたいという気持ちはありました。実はうちは家計的にあまり余裕がなかったものですから、塾に行けなくて。公立学校というところは、家庭の状況にかかわりなく、教育が受けられるわけで……。

奥山：すべての子にきちんと一定水準の教育の機会を与えたい、というお気持ちですね。

前野：そうです。それはやっぱり、公立学校の教師がいいなと思って。

奥山：なるほど。その思い、ぜひ大切になさってください。本校に赴任されて、いま2か月経ちますが、その気持ちに変化はありませんか？

前野：そうですね、いまの時代のほうが家庭環境が厳しい子たちは多くなっていますし、また気持ちを引き締めて、授業や生徒指導、しっかりやりたいと思います。

【問い】

(1)奥山校長の人材育成やコミュニケーションの方法として、よいと思うところや共感するところはありますか。ある場合は、具体的にどのような点についてですか。

(2)どのようなこと、気持ちが教職員の仕事へのやる気や情熱のもと（源泉）になると思いますか。

(3)やる気や情熱を向上、あるいは低下させる事例として、なにか具体例やエピソードは思い当たりますか。

(4)このケースを参考に、あなたの学校で教職員のやる気・情熱を高めるために、どのようなことを実践、または支援したいと思いますか。

※読者のみなさんが教職員でない場合は、よく知る学校（支援している学校や母校など）を思い浮かべて考えてみてください。

ここでいったん本書を閉じ、問いに自分なりの回答を考えたうえで、解説をお読みください。

《解説》

◎仕事の成果はなにで決まるか

本ケースの検討に関連付けて、少し一般的な話をしましょう。

せっかく仕事をするなら、「気持ちよく、意欲高くやれるほうがよい」とは、おそらくほとんどの方が感じると思います。

これに関連して質問します。みなさん（教職員）の仕事の成果は、なにで大きく変わるでしょうか。

〝その日の気分や体調〟と答えたくなる人もいるかもしれませんし、行政や企業などでは〝上司の機嫌次第〟という答えもありそうです（苦笑）。学校では、なんと言っても〝子どもたちの笑顔！〟という先生も多いことでしょう。

さて、そもそも、教師の仕事の成果とはなんでしょうか。なかなか一言で表現できない大きなテーマだと思いますが、ここはひとまず、「子どもたちの成長」とゆるやかに捉えておきたいと思います。

では、子どもたちの成長には、子ども自身の要因（たとえば、なんらかの障がいの有無）や家庭環境の影響（親が教育熱心かどうか、経済的に豊かで教育環境が充実しているかどうか等）も大きいでしょうが、これらを除き、おもに学校側ができること、教職員の力等で変わってくる部分としては、なにが重要だと思いますか。

いろいろな考え方ができますが、たとえば、次の方程式のように捉えることも可能だと思います。(1)

仕事の成果（子どもたちの成長）＝ 個々の教職員の能力
× 個々の教職員の姿勢とやる気
× 協力・連携関係

・能力：仕事のスキル、熟練度、知識を活用できる力の大きさ
・姿勢とやる気：仕事へ向かう心構え、やる気、モチベーション、情熱の大きさ
・協力・連携関係：教職員間の関係性、保護者・支援者らとの連携・信頼の程度

掛け算となっているところがミソです。たとえ能力が高い人であっても、やる気や情熱がなければ、その能力が十分に発揮されることはありません。

また、学校では、教師一人で個々の授業は完結する部分もあるでしょうが、子どもの成長はそこだけで進むわけではありません。

「ソーシャル・キャピタル（社会関係資本）」とも呼ばれますが、教職員間の関係性、保護者・支援者らとの連携・信頼なども、仕事の成果を左右することになります。仮に、この協力・連携関係がほとんどなければ（つまり、たとえば同僚や保護者等から不信感が強いような状態であったなら

ば)、いくら個々の教師に能力とやる気があっても、子どもとの関係はうまくいかなくなったり、モチベーションは長続きしなかったりすることが予想できます。

話を戻すと、仕事へのやる気、モチベーション、情熱は、成果を大きく左右するものの一つと捉えることができます。

モチベーションの研究で著名な経営学者、田尾雅夫教授は、こう述べています。(2)

> モチベーションは個人のことですが、個人の勝手では済まないことがあります。というのは、職場で一人ひとりが、熱心に働けば働くほど、つまり、働くことに動機付けられるほど、成果、つまり、生産性とか組織効率といわれているものが大きくなるとされています。つまり、**モチベーションは、職場を動かし組織を動かすもっとも大きな要因である**とされています。

このケースを読むと、奥山校長は、教職員のモチベーションを高める重要性をかなり意識して実践しているように思います。

◎教師のモチベーションは低いのか

日本では、多忙であるにもかかわらず、児童・生徒のためにと教職員の多くは、使命感と情熱をもって日々を送っています。言い換えると、「モチベーションは相当高い」と言えそうです。

いくつかの調査はそのことを示唆します。たとえば、文部科学省が２００６年に1万人規模で実施した教員勤務実態調査によると、「教員の仕事はやりがいがある」について、「とても感じる」という回答が小学校教諭（n=15,757）の47・６％、中学校教諭（n=18,543）の42・３％、高校教諭（n=11,869）の28・４％、「わりと感じる」という回答が小学校教諭の43・１％、中学校教諭の44・９％、高校教諭の46・６％であり、否定的な回答をする人はほとんどいませんでした（高校教諭ではどちらともいえないが18・３％）。

また、愛知教育大学等（２０１５年実施）によると、教員の仕事について「子どもの成長にかかわることができる」と97～98％の小中高教員が感じると答えており、「仕事を通じて自分が成長している」も小学校教員の90％、中学校教員の83％、高校教員の84％が感じています。「今の仕事は楽しい」という回答も小学校教員の86％、中学校教員の82％、高校教員の81％に上ります。[3] また、いくつかの教育委員会が実施した教員への意識調査結果を見ても、前述の調査と似た傾向を示しています。

では、既にある程度高いのであれば、「今さら、モチベーション・マネジメント（メンバーのやる気を高めるように促す経営）なんて強調しなくていいのではないか？」と思われる方もいるでしょう。「モチベーションが問題ではなく、意義を感じる仕事に専念しづらい多忙な状況のほうが問題だ」という意見もあります。

◎教職員はなににやりがいを感じるのか

本当にそうでしょうか？　わたしは、教職員のモチベーションも、多忙化も、両方に課題があると見ています（多忙化については、あとの第３章で扱います）。

まず、現状認識から。８～９割の教員が肯定的な回答をしたと言っても、アンケートというものは注意が必要であり、簡単に安心してはいけません。主観的な感想や印象を聞くアンケート調査では、素直に回答する人もいるでしょうが、いい格好をしようとする人もいるからです。それに、教師の場合、仕事へのやりがいや成長を感じるかと問われれば、笑顔がステキで日々伸びていく子どもたちを相手にしているのですから、そう回答しやすい業務上の特性も強いと思います。

つまり、教師のモチベーションはそれなりには高いのでしょうが、いくらか注意して見ておく必要があります。

人はなにを求め、どんなことにモチベーションを感じるのか。マズローの欲求５段階説というのは、わかりやすいモデルとして有名です（なお、この理論にはいくつか批判もあります）。マズローは、人間の欲求を①生理的欲求（生きていくための欲求、食欲、睡眠欲など）、②安全欲求（衣や住にかかわる安全）、③社会的欲求（集団に属したり、仲間・友人を得たいなど）、④承認欲求（他者から認められたい、尊敬されたいなど）、⑤自己実現欲求（自分の能力を引き出し、創造的活動がしたいなど）に分類しました。[4]

これに照らすと、授業や生徒指導、あるいは学校行事や部活動などを通じて、子どもの成長を促す教師の仕事は、〝先生、ありがとう〟と言われますし、④承認欲求を高めます。また、⑤自己実現につながるという人も多いでしょう。教職員のモチベーションは仕事柄、ある程度自然と高いものになりやすいのです。

【図表1-1】　教職員にとってのモチベーションの4階層仮説

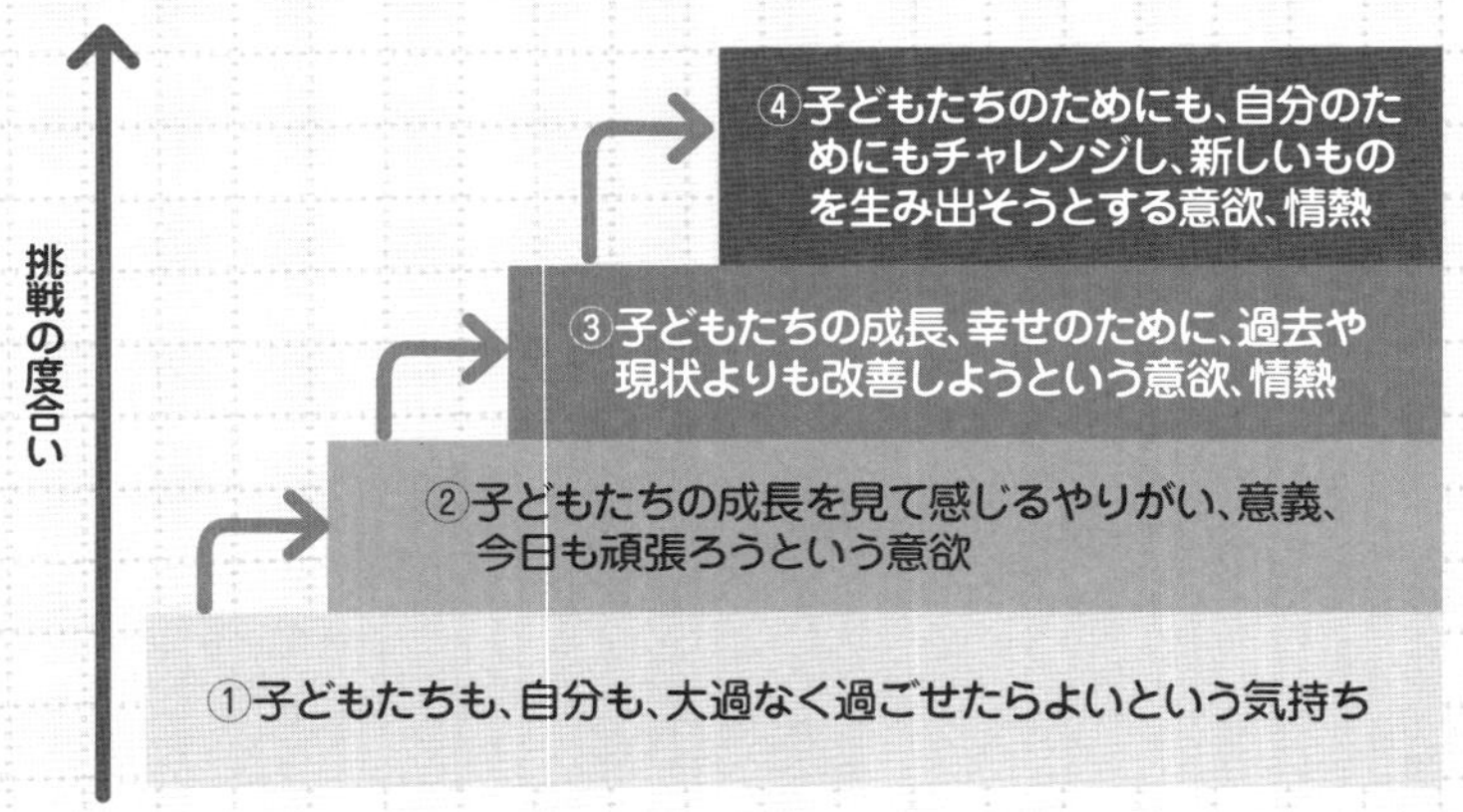

挑戦の度合い
④子どもたちのためにも、自分のためにもチャレンジし、新しいものを生み出そうとする意欲、情熱
③子どもたちの成長、幸せのために、過去や現状よりも改善しようという意欲、情熱
②子どもたちの成長を見て感じるやりがい、意義、今日も頑張ろうという意欲
①子どもたちも、自分も、大過なく過ごせたらよいという気持ち

こうした整理でも悪くはないのですが、わたしは、教職員のモチベーションについては、**「やりがい」とか「承認欲求」、「自己実現欲求」などと大くくりにせず、もう少し細かく捉えたほうがよい**と考えています。

仮説段階のものではありますが、図表１－１をもとに説明します。

一番底辺の**一層目は、「子どもたちも、自分**

も、大過なく過ごせたらよいという気持ち」です。子どもの安全・安心がもっとも大切な学校教育では、大きな事故がないことは言うまでもなく大事なことです。ですが、これだけが強い人は、「事なかれ主義」な考えにとどまります。

残念ながら……、この層に安住している校長等も少なくないかもしれません。

二層目は、「子どもたちの成長を見て感じるやりがい、意義、今日も頑張ろうという意欲」です。これは、先ほど述べたとおり、教職という仕事柄、多くの教職員が自然ともちやすい感情と考えられます。既存の多くのアンケート調査で把握しているのは、この段階の話ですが、これはモチベーションのほんの一部分、表層を観察しているに過ぎない、というのがわたしの観察です。

三層目として、「子どもたちの成長、幸せのために、過去や現状よりも改善しようという意欲、情熱」があります。二層目とのちがいが最もわかりやすいのが授業です。日々の振り返りや反省、授業研究会や勉強会などを活かして、よりよい授業に改善していこうという意欲の強い教師も多くいる一方で、「教科書を一通りきちんと終えられればよい」、「多少〝流す〟授業（深い学習にならない授業）にならざるを得ない」という人もいるでしょう。前者は三層目までいっている人、後者の〝こなす〟ことが中心になっている教師は二層目にとどまっていると言えます。

一層目か二層目にとどまるか、あるいは三層目以上までいくかという話は、**教師に限りません**。たとえば、学校事務職員や用務員、学校図書館司書などのスタッフにも当てはまることが多いと思います。指示されたことや前から決まっていることを淡々とこなすことだけにとどまっている職員は一層目、自分の仕事は子どもたちにも影響するから、ある程度意欲があるという段階は二層目、自分のできることを貪欲に探して、改善できることはしている方は三層目というイメージです。みなさんは、どこに近いでしょうか？

この三層目のモチベーションにあふれる人物として、わたしはたくさんの方が思い浮かびますが、その一人が、岡山の美咲町立加美小学校の事務長、大天《だいてん》真由美さんです。大天さんの仕事で注目していることの一つは、教材費等の学校徴収金の見直しについてです。安易に家庭負担を増やさず、公費負担（自治体予算化）できるものはしたり、公費・私費であれ、購入した教材の評価の記録を残して、次年度以降に活用したりしました。こうした取組を事務の共同実施組織の場や、教育委員会との協議の場を活用して、勤務校以外にも広げる活動を続けています。大天さんへのインタビュー

【図表1－2】学校事務職員、大天真由美さんの仕事術についてのインタビュー記事

妹尾：大天さんは共同実施の事務長でもあるわけですが、共同実施はどのように活用されているのでしょうか？　全国的に見ても、事務処理・手続きの相互チェックに使っている例は多いと思うのですが、わたしから見れば、それがメインの共同実施ではもったいないという気がしていたものですから。

大天：そうですね。共同実施で集まること自体がすばらしい、というものではないと思うんです。わたしのところは、相互チェックもしていますが、学校で抱える課題を出していき、その中で全町的に、自治体単位で解決するべきものを可視化することを大事にしています。今後どんな段取りで、いつまでに、どのように解決するか検討する場として共同実施組織があります。

自分の学校で頑張ることはもちろんとても大切です。でも、**自分の学校を改革・改善して、それでよしとはしていません。**教員も事務職員も異動しますし、教職員の異動に伴い、トーンダウンする取組では根本的な解決にはなっていないと思います。

一校から出された課題解決の取組が町、場合によっては県全体に波及するものにしていきたいと思っています。

妹尾：すばらしい志です。共同実施で取り組んできた

記事を掲載しておきます（図表1−2）。

このような仕事術は「大天さんでないとできない」ということではないと思います。大事なのは、こういう仕事の進め方もあるということを知ること、そして、「子どもたちの成長、幸せのために、過去や現状よりも改善しようという意欲、情熱」という三層目のモチベーションが強いかどうかです。

さらに、教職員のモチベーションにはもう一段階あると思います。**「子どもたちのためにも、自分のためにもチャレンジし、新しいものを生み出そうとする意欲、情熱」**です。既にあるものをよりよくすることに加えて、新しいイノベーションを起こすモチベーションと言えます。

この四層目にチャレンジする教師として、『まんがで知る教師の学び』（さくら社、2016

具体例を紹介いただけますか？

大天：学校徴収金は一つの例です。転勤当初は自分の学校で「これを保護者負担にするの？」と疑問に思うものがありました。教室掲示用の用紙類やマジック、調理実習の調味料代など、安易に徴収金会計に依存しているところが垣間見られて、変だなと思いました。それを校長、教頭に話すことから始めました。自分が感じる違和感や、その根拠となる法の解釈、他地域の実践事例なども出しながら、本校ではどうあるべきかを相談しました。

次に、共同実施の中で、自校の問題、課題と感じたことを共有します。大概、他の学校でも似たような問題は抱えているものです。

その後、教育委員会や校長も加わる会議の場で、具体的に、学校徴収金であれば、町全体のルールとして保護者負担軽減を目指して、段階的に何を公費とするのかを定めたいという提案をしました。予算の対応もあるので、年次的な提案をしています。要綱に沿って、システムや、マニュアルも作成し、町全体で説明会も開いた結果、定着しています。

妹尾：なるほど。元小牧中学校長の玉置崇さんは、副校長・教頭が校長へ具申する「具」とは具体的の「具」であると考えておくとよい、と述べています[5]。それを思い出しました。

大天：「どうしたらいいんでしょう？」ではなくて、なるべく具体的に「こうしていきませんか？」と提案したいと思っています。

出所）「学校事務」2017年12月号の記事を一部編集。

年）という、とてもよい本を出している前田康裕さんが思い浮かびます。前田さんは教頭職をしながら、早朝に本の原稿を執筆したそうです（わたしは、この働き方がよいかどうかの議論をしたいのではありません）。現役の教頭が、自校での取組に加えて、教師の成長や教師自身がアクティブ・ラーナーになるにはなにが必要か、まんがを通じて世に広く問いかけたというチャレンジは、すばらしいと思います。

◎自分の好きなこと、得意なことを掛け算する（〝三つのタグ〟）

現状で満足せず改善していこうという三層目、あるいはチャレンジして新しいものを生み出そうという四層目のモチベーションが強い人には、どのような特徴があるのでしょうか。

使命感や志があり、かつ行動力もあるということではあるのですが、もっと具体的に分解すると、**自分の好きなことや得意なことをうまく組み合わせて活躍している**、ということかと思います。

ホリエモンこと堀江貴文氏は『すべての教育は「洗脳」である』（光文社）という刺激的なタイトルの新書で、「**3つの『タグ』でレア人材になろう**」ということを述べています。

わかりやすい例が厚切りジェイソンさん。「在日外国人」、「IT企業役員」、「お笑いタレント」という三つのタグを備えていますね。だから面白い。このように三つくらい、能力やスキル、バックグラウンドがあり、かつそれぞれのタグがその時代のニーズ等に合う有意義なことであれば、レア人材になれる、と解説しています。

いや、「わたしは公務員だし、別にレア人材になりたくなんかないし、なる必要も感じないんですけど」と言う声も聞こえてきそうです。

なるほど。ですが、何もレアキャラかどうかにそうこだわる必要はありません。こう捉えたらいかがでしょうか。周りから、すごくありがとうと言われる人材になるには、三つくらいはスキルや好きなことがあり、それらを掛け合わせることができたほうがよい、と。スキルや得意なことなんてない、見当たらないという方はこれから磨けばよいでしょう。これからの人生のうちで、いまが一番若いのですから！

『まんがで知る教師の学び』の前田さんのケースでは、「絵（まんが）が描けるし、描くのが好き」、「ビジネス書が好き」、「教諭、教頭の経験があり、実践的な知見が豊富」という強み、タグがあり、そのことが著作に活きています。あるいは、前田さん本人から聞いた話ですが、「有田和正先生ら、授業名人との出会いがすごく大きかった。自分もあんな授業をしたいという思いで実践を重ねてきた」ということもあると思います。

もう少し別の例を。仮にあなたがこんな教師または学校事務職員だったとしましょう。

①法律については、学校や教育委員会の中では相当詳しいほうだ。
②心配症な性格で、細かく事前に決めておくほうが好き。
③事故で友人を亡くした経験があり、災害や事故には人並み以上の関心があるし、進んで勉強も

できる。

この場合、学校事故を予防する措置や環境、マニュアル等が大丈夫か、点検し見直す仕事ができると思います。過去の事故や判例に照らせば、学校が危機管理上甘い部分は多々あるのではないか、そこを管理職や教育委員会と協力しながら改善していく。もちろん必要な予算要求にもつなげる。そんな仕事ができれば、とても有意義ですね。

◎志・理想と現状とのギャップに気づかせる

少し一般的な解説が長くなりましたが、ケースに戻りましょう。奥山校長が教職員との対話とフィードバックを重ねること、それも、教師となった原点を振り返る時間を設けることは、どのような意味があるでしょうか。

奥山校長がどこまで意識してやっているかはわかりませんが、教職員一人ひとりに応じて、先ほどの**モチベーションの四階層のどこを刺激するか**に関係する取組だと、わたしは捉えました。志を確認することで、今のままでいいのか、たとえば、大過なく過ごせたらよいと一層目にとどまっている人には、二層目以上の思いをもっていたのではなかったか、と確認するプロセスと言えます。二層目の教職員には、その原点の思いからもっと高みを目指していかないか、と投げかける場と考えられます。

前野先生の場合は、「家庭環境にかかわらず、すべての子にきちんと一定水準の教育の機会を与えたい」という思いが確認できました。この原点、志を思い出させ、また、理想と現実の授業とのギャップがあれば、そこを意識させることも、校長や副校長・教頭らの重要な役割です。

たとえば、前野先生のように中学校の数学であれば、小学校の頃からのつまずきがある子にはどうしていくかなどが、理想と現実のギャップ、課題の一つとなります。であるならば、奥山校長との対話は、うまくいけば、過去や現状よりも改善しようという意欲、情熱という三層目のモチベーションを高めることにつながっていきます。

教職員それぞれによってどんなモチベーションをもっているかは、さまざまです。本書では4階層で分類しましたが、人のこころのことです。実際はもっと複雑でしょう。しかし、一つの羅針盤あるいは地図として、この人は、4階層のどこにやりがいや情熱を感じているのかを考えながら、よいところは褒め、課題はしっかりと指摘していくことが有効であろうと思います。

◎研修の充実だけで安心できない。人材育成はなぜ重要なのか

冒頭で述べたとおり、「人材育成は全然要らないとは言わないけれども、教師たるもの自ら学習して育つが基本だ。育成だの、モチベーションだの、ガタガタ言わなくていい」との主張もあろうかと思います。

また、国や教育委員会の施策を見ていて、いつも気になるのは、人材育成と言うと決まって〝研修の充実〟が前面に押し出されることです。たとえば、中央教育審議会（中教審）の「これからの

【図表1-3】 モチベーション・マネジメントが学校で重要な理由

①教職員の大量退職・大量採用が続くなか、若手を中心に人材育成の必要性と重要性は増しているから。また、経験年数にかかわらず、「学び続ける教師」になっていく必要があるから。

②やる気、情熱を削いでしまう人や施策がいる（ある）から。

③いくら研修を充実させても、本人のモチベーションが高まらなければ、学んだことの実践は進まないから。

④賞与や昇進といった金銭的な報酬で教職員を動機付けることは難しいことが多く、人のこころへの働きかけや対話、フィードバックの果たす役割は企業以上に大きいから。

学校教育を担う教員の資質能力の向上について～学び合い、高め合う教員育成コミュニティの構築に向けて～」（２０１５年12月21日）では、ＯＪＴ（仕事を通じた育成）についても触れられているとはいえ、ＯＦＦ－ＪＴでの研修について多くのページが割かれています。

しかし、学校現場でのモチベーション・マネジメントやＯＪＴでの人材育成は、今日、たいへん重要となっています。少なくとも四つ、理由があります（図表１－３）。

一つ目は、**教職員の大量退職・大量採用**が続くなか、若手を中心に人材育成の必要性と重要性は増しているということです。

また、若手の育成に限らず、「新たな知識や技術の活用により社会の進歩や変化のスピードが速まる中、教員の資質能力向上は我が国の最重要課題」と先の中教審が述べるとおり、**「学**

び続ける教師」になっていく必要があるからです。

第Ⅰ巻でも紹介したように、21世紀を生き抜く、いまの子どもたちは、何かしら大きな社会変化や困難な問題に直面していくことになります。教師も、何十年も前から変わらない知識を教え込むだけの姿勢では、変化の大きな時代の子どもたちの力になれません。

また、インターネットやAI（人工知能）がどんどん便利になっている今日、ある程度、知識を覚えておかなくても困らないという場面は多くなっています。一定の知識よりも思考力や創造力が必要とされる場面も増えています。教師も自身のもつ知識や情報、アイデアを常にアップデートしていくことと、思考力や創造力等を高めていく必要があるのです。なお、わかりやすいので、教師について述べましたが、同じことが教育委員会職員や学校事務職員などのスタッフにも言えます。

こうした社会背景を踏まえるならば、もちろん、教職員は自学で成長するということも大きいとはいえ、独力だけに頼るのも心もとないと言えます。なぜなら、変化が激しく複雑さが増す世の中で、自分の見えているものだけでは限界があるからです。誰かと切磋琢磨すること、また、周りの人が成長を支援したり、動機付けたりすることの重要性は高まっています。

二つ目は、残念ながら、**やる気、情熱を削いでしまう人がいる**ことです。あなたの周りにもそんな〝困った人〟はいないでしょうか？　また、全国学力テストの結果や進路実績（大学入学者数等）といった限られた成果を追おうとするプレッシャーが強くなるあまり、自分の本来の仕事の意味が見えづらくなっている学校も多いです（詳しくは『思いのない学校……』の第4章を参照してください)。

加えて、一部の保護者との関係で大変つらい思いをしている教職員もいます。教職員一人ひとりを孤独にさせないサポートと、こころが折れそうになっている人へのケアの両方が重要となっています。

三つ目は、いくら充実した校内外の研修を用意したとしても、本人の**モチベーションが高まらなければ、学んだことの実践は進まない**ということです。「Transfer of Training(研修転移)」という概念があります。これは、研修の現場で学んだことが、仕事の現場で一般化され役立てられ、かつその効果が持続されることとされています。[(6)] 研修しても行動につながらないという問題は企業経営でも散々言われてきたことです。

四つ目は、多くの学校では、企業等と異なり、**賞与や昇進で教職員を動機付けることが難しい**のが現実です。なぜなら、地方公共団体や私立の学校法人は財政難で大きな金銭的な報酬は用意できませんし、昇進できるポストも限られます。むしろ副校長・教頭の職は、責任が重く多忙を極める人も多いことから、人気が低下しています。このため、金銭的な報酬以外の点で、**人のこころへ働きかけ、対話あるいはフィードバックを進めることは、企業以上に大きな意味がある**と考えられます。

◎モチベーションを高めるには2種類ある――いかに内発的動機付けを進めるか

では、どのようにして、教職員のモチベーションや情熱は高めていけるのでしょうか。人を動機付けるには、2種類あるとされています。[7] 仕事のソトに要因を求めるのか、ウチの要因（働くことそのもの）に注目するかです。

ソトの典型例は、報酬を与えるやり方で、たとえば、成果を上げた人には賞与や昇進で報いるという方法です。これは、**アメとムチの論理**、**〝馬に人参をぶら下げる〟**のと似ていて、**「外発的動機付け」**や「衛生要因」と呼ばれています。前述のとおり、学校では、この動機付けができるリソース（財源）も校長等の権限もかなり限られています。

ソトのもう一つの典型例は職場での人間関係です。上司や同僚との関係が悪くてやる気を失うということが一例です。

もう一つ、ウチなる要因とは、**本人の心のなかから湧き上がるもの、自分の興味・関心や実現したいことなどをもとに自分から動機付けるという方法です。「内発的動機付け」**と呼ばれ、こちらのほうが目に見えにくいものの、持続性はあるとされています。

また、**「目標をもつ」こと、要するに、チャレンジしたい、達成したいと強く思えるものをもつことも内発的動機付けとしては有効な**シーンが多々あります。この観点でも、学校の教育目標や経営計画が甚だ曖昧だったり、校長が年度初めに発表したきりで振り返りがなく、教職員の間にもあまり浸透していなかったりするケースが多いのは、問題があります。

子どもに対してもまったく同じですよね。宿題をやらないと叱りつけたり、宿題が終わったらお菓子をあげたりするのは、外発的動機付け。子どもが自分で興味をもって宿題をするのが内発的動機付けです。

今回のケースを見ると、奥山校長の働きかけは、前野先生らの教師となった原点を振り返ることで内発的動機付けを図るものと理解できます。

もっとも、両者のちがいは曖昧なところもあります。マズローで言う「承認欲求」を刺激すること、つまり、頑張りを認め、評価することは、人間関係にも近く、外発的動機付けと言えそうですし、それをきっかけに本人の心にメラメラと火が付けば、内発的動機付けとも言えそうです。多くの場合、どちらか一方のみでモチベーションを高められるわけではありません。

◎お金で人は動くのか？

内発的動機付けを考えるうえで、興味深い実験があります。(8) ノースウェスタン大学らの研究者が行ったこの実験は、3週にわたって、1週間ごとに被験者は体重を量り、減量できていたら約50ドルをもらえるというもの。実験に先立ち、なぜこの実験に参加するのか、一人ひとりの動機も調べました。

お金が必要だから参加した被験者たち、これを「経済目的グループ」と呼びましょう。対照的に、お金は主な動機ではなく、減量に関する知識や指導、それに一緒に取り組む仲間がほしくて参加したという人たちを「非経済目的グループ」とします。

さて、かなりおいしい実験のような気もしますが、結果はどうだったでしょうか。

経済目的グループは減量に成功しました。平均で体重の０・25％を減らすことができたのです。しかし、このグループは、報酬を受け取ったあと、体重が増えてしまいました。実験が終わった４か月後に調査したところ、落とした体重が戻っただけでなく、減った以上に増えたのです。

一方、非経済目的グループは、実験中に平均で体重の約１・５％を減量し、そのあとの４か月間で、さらに体重を落としました（０・５％減）。

この実験の教訓は、「**経済的な報酬は行動の動機付けには一定程度なるが、長続きさせることにはつながらない。**非経済的な動機付けのほうが長続きする結果につながるときがある」ということです。

この実験を含めて、数多くの科学的な知見を参照した『マッキンゼー流 最高の社風のつくり方』（日経ＢＰ社、２０１６年）によると、仕事へのモチベーションを高めるには、金銭的な報酬や感情的なプレッシャー（たとえば、母親を失望させたくないので、ピアノのレッスンに嫌々通い続ける）ではなく、次の三つのことが重要です。

●楽しさ（仕事自体が楽しいと思えること。）

●目的（仕事の結果について意味があると思えること。たとえば、看護師なら、患者の苦しみを癒すという目的が、仕事に励む動機になる。)

●可能性(仕事の直接的な結果ではなく、二次的な結果について意味があること。たとえば、ロースクールの入学に役立つ可能性があるということで、弁護士のアシスタントとして働く場合。)

一般的には、仕事との結びつきが強い分、楽しさ、目的、可能性の順に、仕事の結果に強く影響します。

この三つは、日本の学校の教職員にもヒントになることだと思いますし、実感を伴うことも多いと思います。たとえば、調査書を書くこと自体は、多くの教師にとって楽しいと言える業務ではないと思いますが、その生徒の進学につながると思える、目的について意味があると思うから頑張れます。反対に、書いても何に使われるか見えない書類を求められたりすると、負担感が増し、モチベーションは高まりません。

もっとも、「楽しさ」や「目的」と言っても、人によってさまざまな感じ方や価値観があります。本書では、多くの教職員にとって共通することとして、四つの階層に分けて検討してきました。

また、校長としても、経済的な報酬を用意できる余地は小さいのですが、「楽しさ」「目的」「可能性」という三つならば、今日からでも、働きかけることはできるはずです。

◎初心忘るべからず――どうして先生になったの？

今回のケースには元ネタがあります（パワハラ発言などケースの一部分は妹尾の脚色です）。それは、一風変わった学校便りを出す学校、横浜市立中川西中学校です。

学校便りと言えば、校長からの挨拶・メッセージ、行事や部活動での児童・生徒の活躍ぶり、行事予定などを伝えるものが多いと思いますが、中川西中の場合、こうした情報に加えて、「おジャマします。授業拝見。お仕事拝見。」というページがあります。校長（当時）の平川理恵さんが取材して、写真も撮って書いています。

百聞は一見に如かず。まずは現物をご覧いただきましょう（図表1-4）。

タイトルからも、本文からもお気づきになったと思いますが、このページでは先生たちの授業の様子や工夫などについて取り上げています。しかも、教員だけでなく、今回のように図書館司書、また事務職員、用務員も登場します。今回紹介している図書司書の方は、学校便りに取り上げてもらうことで、「気恥ずかしいが、**チームの一員として見てくれていることを感じる**」と語っていました。

中川西中は、生徒数が千人を超え、教職員数約70人（非常勤等含む）の大規模校なのですが、平川校長は、すべての先生の授業を必ず年に1回以上は観に行きます。50分フルで観た上で、気づいたことをフィードバックします。よいところを見つけ、学校便りや学校ウェブページで発信するのです。
平川さんは、リクルート出身、トップセールス記録を立てたこともあるし、全国初の女性民間人

【図表1-4】 中川西中Times 2017年1月号

おジャマします。授業拝見。お仕事拝見。

ヘンな例えかもしれませんが、学校の主力商品は「授業」だと思います。また学校は、先生だけでなく、様々な方々に支えられています。「チーム中西中」をご紹介します！

国語科・江間和樹先生

1年生の国語の時間におジャマしました。中坊徹次さんという作者の『幻の魚は生きていた』という説明文を学んでいて、この日の授業は「筆者の考えを結論からまとめよう」が「めあて」でした。実際に生徒たちが要約を黒板に書き、必ず含まれなけばならない要素を確認していきます。先生の質問に対して、生徒からたくさんの手が挙がるのでびっくりしました。みんな、すごいですね！

1−6担任：江間先生↑

江間先生が先生を目指したのは中学生の時。当時、横浜市内の中学校に通っていた江間少年は、大変やんちゃなクラスメートに囲まれていたそうです。学級委員だった江間少年は、「先生たち、大変だなあ」と、仲を取り持つ形だったとか。自身がご家庭の経済的なことで塾に行かず、「塾に行かなくてもだれでも等しく学習が満足にできる…教育を受ける機会が与えられるといいな。」と思い、公立中学校の先生を目指したそうです。今年の抱負は？と聞くと、部活は吹奏楽の顧問ということで、1年目の今は3月の定期演奏会を成功させたいとのこと。そして、クラスの担任としては、残り3か月だけど、頑張っている生徒をお互い応援できるようなクラスにしたいそうです。

初任☆江間先生、頑張れ！

←生徒からどんどん手が挙がります。すごい！

図書司書・井上弘枝先生

↑司書：井上先生

今年度より中川西中の図書司書として着任された井上弘枝先生。大きい学校なので、初めは戸惑ったそうですが、最近は仕事にも慣れてこられたとのこと。中川西中学校にいらっしゃる前は、川崎市教育委員会の嘱託として学校図書館コーディネーター(いくつかの学校の図書館司書を束ね、指導する役割)をなさっていたそうです。

井上先生、実は多彩なキャリアをお持ちです。大学の文学部で司書の資格を取得した後、大学の研究室の助手として働き始めたそうです。この時も本に囲まれた職場環境だったそうです。その後、自由学園というちょっとユニークな学校の幼児生活団というところの先生をなさり、ご主人の転勤もあって、仙台で児童館で読み聞かせをされていたそうです。

司書として、学んだことはなんですか？と聞いてみると、「どうしても美しいもの・いいもの・読ませたいものにこだわってしまいがちですが、生徒が本当に読みたい…たとえばラノベ系でも入れてみることが大事だと思います。そうでないと来てくれもしません。どんな本をぶつけてみたら、生徒自身の世界観が今より少しでも広がるか…挑戦です」と井上先生。図書室に会いに行って、どんな本を入れたらいいかまたお話ししてみてくださいね。

中川西中図書室→

【図表1-5】 平川校長による授業観察ノート

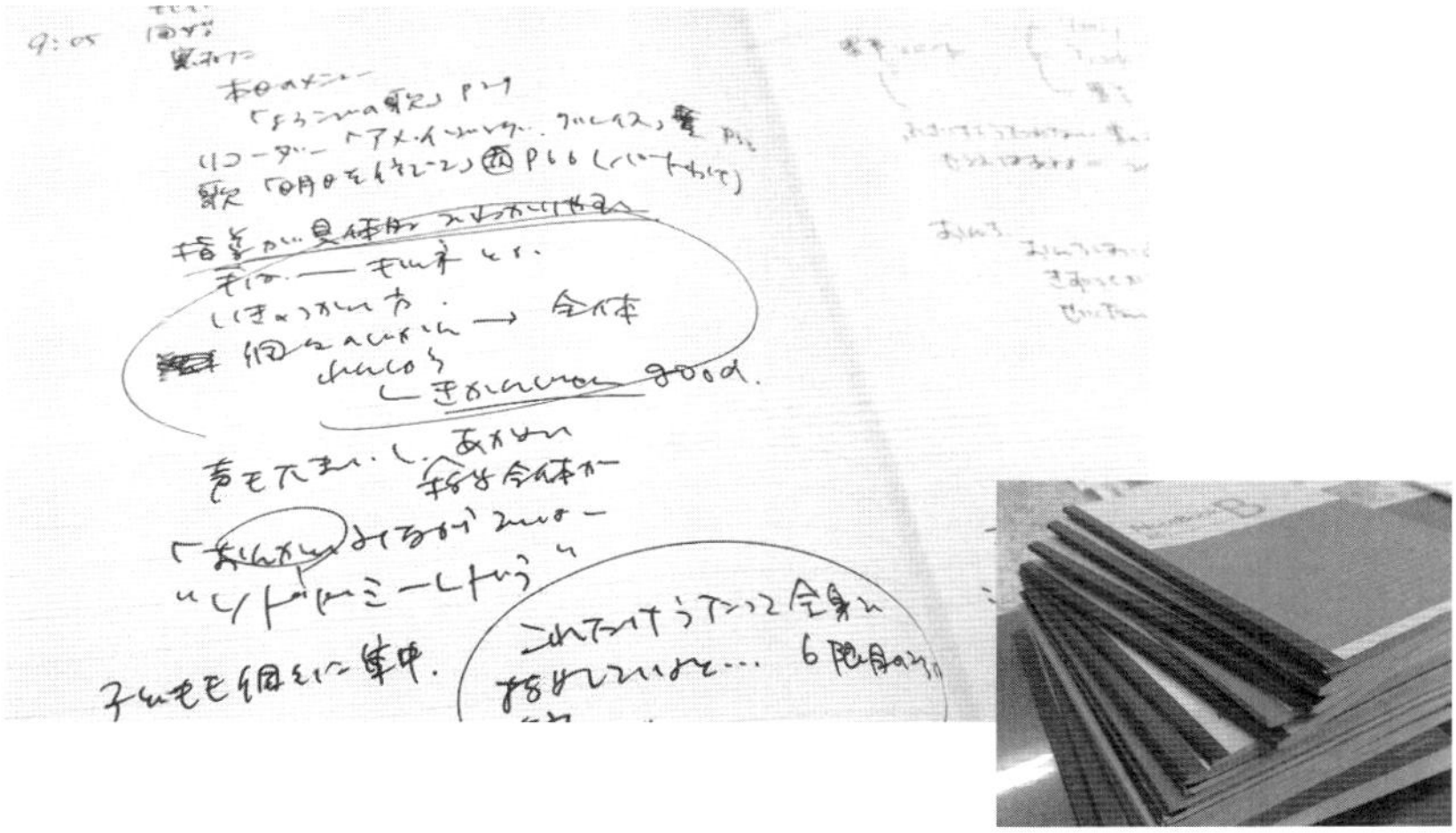

校長ということもあって、学校改革についても、なにかと「彼女だからできる（うちにはできない）」と捉えられやすいと思います（２０１８年4月からは広島県教育長に）。しかし、わたしから見れば、平川さんのやり方は**モチベーション・マネジメントやフィードバック理論の基礎に実に忠実**であり、ほかの校長、学校であっても、採り入れることは十分可能です。

その証拠の一つが授業観察ノートです。何時何分にどんなことがあったか、よかった点、気になった点等を時系列でびっしりメモしています。2年だけで十数冊になっています（図表１-５）。**これだけの努力と記録があるからこそ、強く推進できる**のです。彼女の個性だ、と片づけてはもったいないと思います。

平川さんは教員免許をもたない、いわば授業は素人。しかし、生徒目線からメモした事実をもとに、担当教員と対話します。しかも、押し付けません。「今日の授業、百点満点中、何点くらい?」「どこができたと思う? もう一度やるとしたらどこを変えたい?」「先生の進行が速くて、ほら、○分くらいのところで○さんはノート取るの付いていけなかったみたいだけど」など、基本は投げかけます。本人に考えさせ、気づかせるきっかけを与えています。

また、授業観察を通じて生徒の様子もわかるので、生活が乱れがちな子や気持ちが塞ぎ気味の子がいれば、学級担任等とも素早く連絡・連携をとることができます。

授業観察後のフィードバックや人事評価に関わる面談、また学校便りなど、平川さんは、あらゆる機会をつかまえてコミュニケーションの頻度を増やしています。「私はあなたのことを観ている」、「先生方は一人ひとりよく頑張っているけど、一人じゃないよ」というメッセージが教職員に届いています。これは、マズローで言う「承認欲求」に注目した働きかけです。

学校便りで授業を特集するのも、保護者や地域住民には、授業の工夫や教師の人となりはほとんど知られていない、という問題意識からです。平川さん自身もPTA会長の経験があり、保護者等はそうした情報をほしがっていることをよく知っています。こうした学校便りを続けた結果、学校へのクレームは激減しました。

このケースでも引用したように、平川さんのフィードバックには、もう一つ大切なことがあります。「なぜ、先生になったのか」「なぜ、教師を続けているのか」という初心、あるいは教師を続ける奥底にある思いを必ず聞いているのです。

ここでのポイントは、各教職員の頑張りを認めて褒める「承認欲求」を満たすことにとどまらないということです。むしろ平川さんは、人からどう思われるかよりも、自分はどうしたいか、つまり内発的動機付けのほうが大切だと考えています。**そもそも、何のために何を志してこの仕事を続けているのか、これから何をめざすのかに気づかせ、こんな自分になりたいという気持ちをモチベーションに転換する支援を行っている**のです。

コラム

ヤマト運輸：理念の浸透を具体的なエピソードをもとに図る(9)

年間13億個もの荷を扱うヤマト運輸では、約5万5千人のセールスドライバー（SD）と呼ばれる配達員がサービスの質を支えています。ここ数年は、ネット通販の拡大でSDの人材確保と労務環境改善が大きな課題となっていますが、同社は次々と新しいサービスを世に送り出してきたことで有名です。それはなぜ可能だったのか、ヤマト運輸の理念の浸透について紹介します。

ヤマト運輸ではSDを単なる配送するだけの人材とは位置付けていません。ウェブページでは「誰よりも現場を知る人間が、営業を行い、お客様のニーズをくみ取って、新規事業につなげる——。宅急便がさまざまなサービスを生み出せる背景には、セールスドライバーの存在がある」と述べています(10)。

実際、「スキー宅急便」や高齢者の買い物支援や見守りを行う「まごころ宅急便」はSDが発案しました。回収から配送まで最短で3日で届ける「家電の修理サービス」も、家電品の修理にかかる日数が長すぎるという現場の「気づき」が発端となっています。

同社では支店やSDへの権限移譲を進めるとともに、現場発のアイデアを提案して実現していく仕組みをつくっています。[11]

また、ヤマトでは30年近く続く会議があります。毎週行われる「経営戦略会議」です。社長ら経営幹部に加えて、部課長、課長、係長、そして一般社員まで参加し、新たな商品やサービスについて現場のアイデアを聴きます。コンビニ店頭での荷物の受け取りや電子マネー決済などの新しいサービスはここから生まれました。同様の会議を年に2回、地方でも開き、SDの知恵やアイデアを集めています。

もう一つ、理念の浸透に相当の労力をかけていることも特徴的です。社員一人ひとりが会社を代表しているつもりで仕事にのぞむ、経営者の意識をもって仕事するという「ヤマトは我なり」等の社訓は毎朝復唱しています。

さらに、企業理念を再認識し、仕事の意義、意味を見直すことを目的として、毎年、全社員を対象として「満足創造研修」が行われています。[12] この研修では「感動体験ムービー」の上映が行われるのですが、ムービーでは

「お届け時間ギリギリになってしまい、走って荷物を運んでいたところを見ていた小さな女の子がタンポポを一輪差し出してくれた」

「母の日に花を届けると、『息子からの初めてのプレゼントなの』と喜ばれた」

など、日々の仕事の現場で遭遇し「感動」した体験が語られます。研修ではムービーを観た後に、参加者全員が、自らの「感動体験」を語り合い、仕事の意味や目的などについて話し合うのです。

2　人材育成の悪循環とフィードバックの技術

◎時には耳の痛いことも伝えているか

先ほどの【ケース№００６：先生になろうと思ったときのこと】や平川理恵さんの実践は、フィードバックの技術についても考える題材となります。

あなたが校長あるいは副校長・教頭なら、職員室のなかを見渡してみてください。職員のさまざまな個性や強みが見えてくることと思います。同時に、頼りないところや苦手なこと、もっと頑張ってほしいことなども見えると思います。

問題は、褒めるべきことも耳の痛いことも含めて、本人にどううまく伝えて、人材育成につなげるか。つまり、フィードバックをどうするかです。

本人が気づいていないような問題や課題を指摘するのは、誰にとっても勇気のいることですが、校長や副校長・教頭はできているでしょうか。人事評価等のため年間2、3度、各教職員と面談する機会がある学校は多いと思いますが、お互い忙しいなか捻出したその時間が、果たして有効活用されているでしょうか。

実は、企業でもフィードバックには大変苦労しています。この節では、主に中原淳『フィードバック入門』（ＰＨＰ）という本を参照しながら、学校で参考になることを整理します。同書によると、フィードバックとは、「耳の痛いことを伝えて、部下と職場を立て直す技術」です。

◎なぜ、フィードバックが大切なのか

いま、なぜ、フィードバックが大事なのでしょうか。企業では三つの事情があると紹介されています。わたしの解釈も加えて、学校に応用しながら解説しましょう。

①部下がなかなか育たない

成果のあがらない人をどう立て直すかというニーズが企業では高まっています。

学校ではどうでしょうか。経験の浅い若手の教職員も増えるなか、もっと仕事ができるようになってほしい、というニーズは高いのではないでしょうか。あるいはベテラン層であっても、最低限のことしかやらない、モチベーションの低い方もいるかもしれません。そうした人を立て直すのは至難の業でしょうが、教職員数が少ないなかで放置してよいわけがありません。

②年上の部下をどうするか

二つ目として、年上の部下や外国人などが典型ですが、職場の人材が多様化しており、それに悩んでいるマネジャーが企業では増えています。

学校について言えば、副校長・教頭の成り手がおらず、40代の若さで副校長・教頭になる人もいますし、再任用職員も増えてきていることなどから、年上の部下にどう伝えるかに悩んでいる校長、

副校長・教頭等は少なくない状況です。それに、学校はフラットな鍋蓋組織だと言われますが、実際には、年齢による遠慮や忖度というのが幅を利かせている職場も多いと聞きます。

③厳しく言うのが怖い

三つ目は、パラハラ、セクハラなどの意識が過剰に高まり、部下を傷つけるようなことに遠慮がちになっているという事情です。加えて、企業ではコーチングなどが盛んに言われ、言うべきことをしっかり言う文化が後退してきたという経緯もあります。

学校では、どうでしょうか。同じような背景が当てはまる学校もありそうですし、別の要因から厳しく言うのが怖いという校長等もいると思います。

『嫌われる勇気』（岸見一郎、古賀史健著、ダイヤモンド社、２０１３年）という本がベストセラーになりましたが、タイトルが秀逸です。みんな**「嫌われるのが怖い」**のだと思います。

学校ではとくにそうです。なぜなら、校長等にとって教職員に厳しいことを言っても、あまり得なことはないと思われがちです。企業ならば、できない部下等を放置するのは業績の下降に直結しますから、放置できない問題です。しかし、学校ではそういうことはあまりありません（授業や学級運営を最低限やってくれている限りでは）。また、学校では、校長等がいくらよいことを考えていても、教職員の教室等での具体的な実践にならないと、絵に描いた餅です。厳しいことを伝えて、その人にソッポを向かれては、学校運営上支障が出ます。

こうした3つの事情から、**学校は、通常の企業以上に、効果的なフィードバックが難しくなって**

いる、と言えます。

◎いま学校が直面する最重要課題――人材育成の悪循環

校長らは教職員に厳しいことを言いづらい背景があるわけですが、このままだと、何がまずいのでしょうか。

中原淳教授は前掲書のなかで、マネジャーは以下に述べる悪循環に陥る危険性があると指摘しています。

部下を育てる時間がない

↓

できる部下は多忙・
激務化、できない部下は
モチベーション喪失

↓

メンバーが辞めていく

↓

自分が業務をやるしかない
（マネージング
プレイヤー化）

↓

部下を育てる時間がない

↓

マネジャーの疲弊、
職場の崩壊

これは主に企業について述べたものですが、学校の管理職（とりわけ多忙を極めている副校長・教頭）にもかなり当てはまるように思います。この分析をヒントに、学校に応用して考えると、おそらく多くの学校が次の図のような状況だと思います。

【図表1-6】 学校における人材育成の負のスパイラル（悪循環）

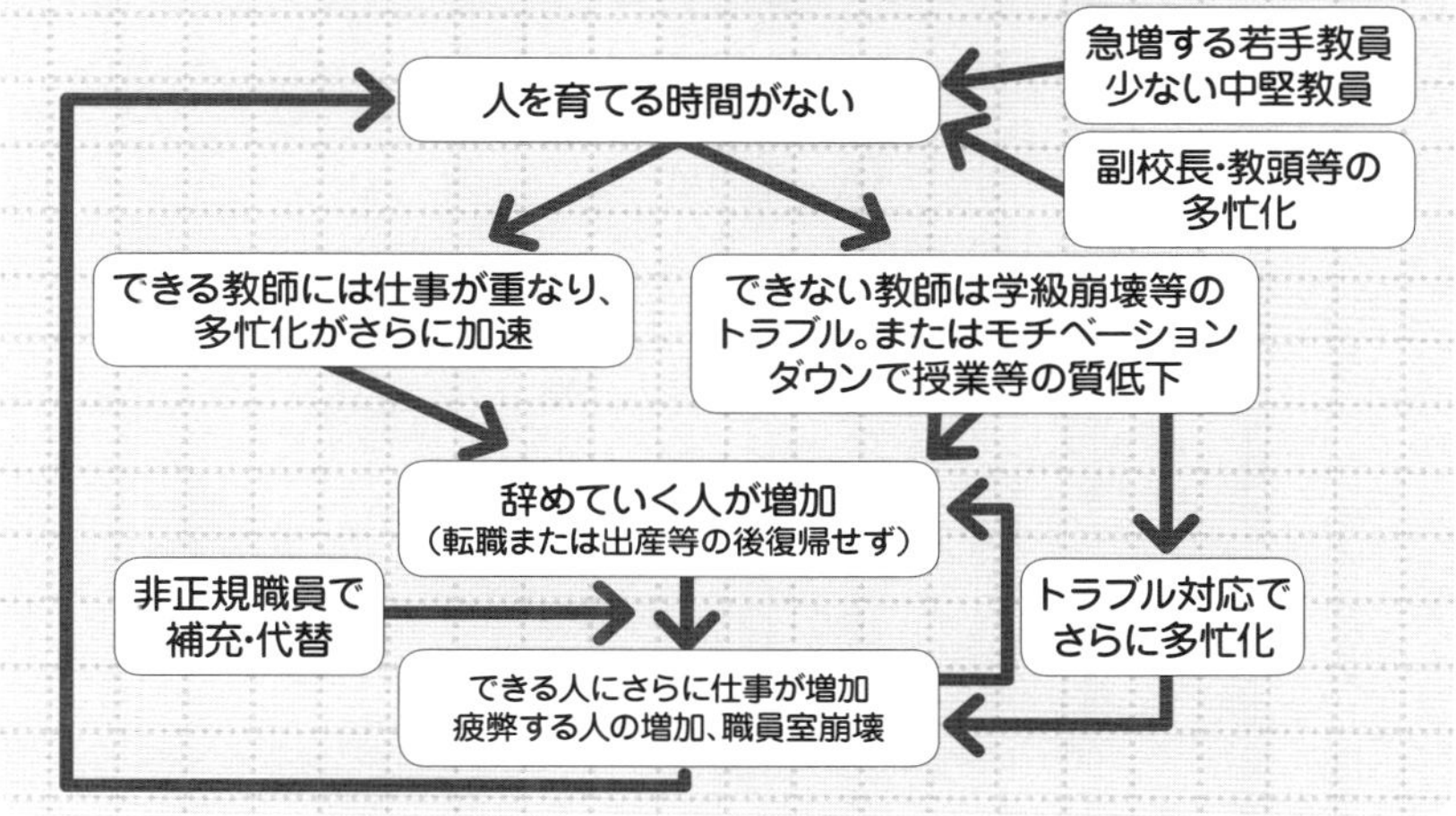

出所）妹尾昌俊『「先生が忙しすぎる」をあきらめない』。

できる人、あるいは親切で器用に仕事をこなしてくれる人に、仕事は集中してしまいがちです。それは学校に限らず、どの組織にもありがちなことですが、この事態を放置しては、できる人（あるいは親切な人）が疲弊してしまいます。すると、できる人が離職したり（転職または出産等の後復帰しない等）、病休になったりするケースも出てきます。

その結果、その職場ではますます**人材育成は進まず、職場全体が疲弊**してしまいます。学校で言えば、〝学級崩壊〟ならぬ〝**職員室崩壊**〟とでも言うべき事態でしょう。そして、残ったできる人にはさらに仕事が重なってしまうというわけです。

この流れを確認いただくと、このままではいけない、と多くの校長も教職員も感じると思います。しかも、若手教員は急増しているし、副校長・教頭は超が付くほどの多忙、加えて、新学習指導要領が求めるように学校教育へは大きな期待がかけられている今日、この悪循環を断ち切らなければ、つぶれる人が続出、学校は崩壊してしまいます。**いまの小中高が抱える喫緊の最重要課題**と言えるでしょう。

しかし、どこから対処していくべきでしょうか？

一つには、本来職員室の中で、人材育成を担うべき副校長・教頭が事務作業等で時間を取られ、人材育成に時間をかけられていないという問題です。この問題はあとの第2章で扱います。

もう一つは、教師間の業務量を調整しつつ、力量不足や貢献不足の教師（または教員以外のスタッフ）にももう少し仕事ができるようになってもらうというアプローチです。そこでは、フィードバックが重要となります。

◎しっかり伝えられるように、根拠となるSBI情報を収集せよ

厳しいことも伝えて部下の成長を促すことには、企業であってもたいへん苦労しています。そうした経験から、企業研究ではいくつかのフィードバックのポイントや技術が明らかになりつつあります（中原前掲書をもとに解説）。

一つ目のポイントは、ＳＢＩ情報をよく観察して記録しておき、伝えることです。つまり、**Situation（どんな状況での）、Behavior（部下の振る舞い、行動が）、Impact（どんな影響をもたらしたのか、ダメだったのか）の3点を具体的に伝える**ことが重要というわけです。

言われれば当たり前のように聞こえますが、これが案外むずかしいと思います。学校で言うと、「先生のクラス、最近少し落ち着きがないようですが（＝Impactだけ伝えている傾向）」、「教育委員会から○○という依頼が来ていますので、先生もよく注意しておいてください（＝ＳＢＩがほとんどなく、伝えている）」といったケースも多々あるのではないでしょうか？

先ほど平川理恵さんの授業観察ノートを紹介しました。平川さんはＳＢＩ情報を貪欲に収集しているのです。

◎悠長に構えてばかりいないで、リアルタイムフィードバックを

企業研究によると、半年に一回などと言わず、頻度を上げてフィードバックの場をもつほうが望ましいことがわかっています。**「リアルタイムフィードバック」**という考え方もあるくらいです。つまり、気づいたことはお互いに忘れないうちにさっさと共有してしまえ、というわけです。半年に１回の30分よりも、１週間に１回５分のほうが効果的なときも多いそうです。

◎フィードバックは子どもに対しても、大人に対しても似たようなもの

ＳＢＩ情報が大切なことや、あまり時間を置かずにフィードバックすることが重要なこと、そもそも、褒めることも必要だが、時には耳の痛いことを伝えて成長を促すこと。これらのポイントは、おそらく教師にとっては、「なんだ、子どもと接するときと同じじゃないか」と思われることも多

いかもしれません。

そうです。同じ人間についての話です。フィードバックの技術は子どもにも大人にも似たことが言える部分があります。その点を思い起こしながら、**〝人がいい〟だけの校長や副校長・教頭等ではなく、教職員をしっかり育てる方になってほしい**と思います。

(1) アンジェラ・ダックワース『やり抜く力』（神崎朗子訳、ダイヤモンド社）によると、成功するには才能よりもＧＲＩＴ（やり抜く力）が影響し、そのやり抜く力とは、情熱と粘り強さの二つの要素から成り立つと言います。本稿のこの箇所では、なるべくシンプルに伝えるため、粘り強さについては触れていませんが、これを加えて考えてもよいと思います。

(2) 田尾雅夫（１９９３）『モチベーション入門』日本経済新聞社、p.20

(3) 愛知教育大学・北海道教育大学・東京学芸大学・大阪教育大学（２０１６）『教員の仕事と意識に関する調査』。これは、全国の小学校教員１、４８２人、中学校教員１、７５３人、高校教員２、１３８人に調査した比較的規模の大きなものです（管理職は対象外）。

(4) 眞﨑大輔他（２０１７）『人材育成ハンドブック』ダイヤモンド社

(5) 玉置崇（２０１５）『主任から校長まで 学校を元気にするチームリーダーの仕事術』、明治図書出版

(6) 「研修」を入社後活躍につなげるためには？『Transfer of Training』に学ぶ「研修力」https://corp.en-japan.com/success/10495.html

(7) 田尾雅夫（１９９３）Ⅲ章などを参照。

(8) ニール・ドシ、リンゼイ・マクレガー（２０１６）（野中香方子訳）『マッキンゼー流 最高の社風のつくり方』

(9) 妹尾昌俊（２０１６）「企業の優れた人材育成から学校は何を学ぶべきか」、『月刊プリンシパル』２０１６年10月号

(10) http://www.kuronekoyamato.co.jp/strategy/page00_04.html

(11) 遠藤功（２０１４）『現場論──「非凡な現場」をつくる論理と実践』東洋経済新報社、p.１０４-１０５

(12) 中原淳「涙でチームが一体化！ ヤマト運輸の『感動研修』」「PRESIDENT」２０１４年12月１日号（http://president.jp/articles/-/15186）

第2章

あなたの学校は“チーム”になっているか?

みなさんが思っている10倍、目標は大事です。
目標はすべてを変えます。
── 元サッカー日本代表監督　岡田武史 ──

「何かあれば副校長」というのが実情。
本来なら人材育成にもっと時間をかけたいが、
ほかの仕事に追われて1日が終わってしまう。
── ある副校長の新聞への投書 ──

1 学校が〝チーム〟となるには

《ケースのねらい・背景》

ところで、いきなりど真ん中の質問ですが、**「あなたの学校は〝チーム〟になっている」と胸を張れますか？**

教職員の仕事がどんどん増えていくなか、〝チーム〟というよりは、「一人ひとりが目の前の仕事で手一杯だ、職場での会話が減っている、ちょっとギスギスしがちかも」という学校も多いかもしれません。

多忙は大きな問題ですが、そこだけに原因があるわけではないようにも見えます。チームワークやチームビルディング（チームづくり）について、管理職をはじめ学校の教職員のなかには、かなり無頓着な方もいるからです。本ケースではそのことを考えるものです。

運動会や修学旅行など学校行事では、大変チームワークよく動いている学校は多いと思いますが、普段はどうでしょうか。

【ケースNo.007：こうして静かにチームは壊れていく】

地方にある市立里見中学校。校長の田中信幸（男性、54歳）はこの学校が新任である。教頭の根本剛（男性、56

歳）は着任して3年目で里見中のことをよく知っており、田中にとっては頼りになる反面、年上ということもあり、依頼や指示はやりにくいところもあった。

根本は、教育委員会指導主事などを経て教頭になった切れ者だが、仕事は自分でやったほうが速いと感じ、自分で抱え込む傾向があった。とりわけ、本年は、県のＩＣＴ教育推進の研究校となったのだが、昨年度まで熱心にタブレット端末の活用などを進めていた教諭が異動となり、代わりに研究主任となった中村梓（女性、38歳）は研究主任をするのは初めてであった。中村も頑張ってはいるのだが、なにぶん、不慣れで段取りが悪いことも少なくなかった。結果として根本が半ば研究主任のような動きをすることも少なくなかった。

田中校長としては、着任初年度ということもあり、学校運営の多くのは前任者から引き継いだものを踏襲し、まずは様子を見ながら見直しを加えていく予定であった。教職員には「〝チーム里中〟をキーワードに、学校行事はもとより日々、何事にも団結して取り組みましょう」という言葉を度々かけていた。

5月のゴールデンウィークを終えたある日のこと、事件が起きた。中1の男子生徒3人が学校からの帰宅途中に合計およそ2万円の金銭のやりとりをしていたというのだ。A君はB君とC君におごっただけで、脅されたり、いじめを受けたりしたわけではないということは、3人の共通した言い分だったが、A君の保護者は事態を重く見て、学校側に説明を求めてきた。しかも、A君は東日本大震災の被災地から引っ越してきた生徒であり、他県で起きた原発いじめではないか、との声が地元紙やほかの保護者からも寄せられる事態に発展した。

5月は田中も根本も、この対応に非常に神経と労力を注いだ。幸い、3人の言うように、いじめというわけではなかったのだが。

しかも、7月には研究指定の公開授業研究会も控えていたのだから、5月、6月の根本は多忙を極めた。睡眠不足でついイライラする日もあり、中村に「どうしてこんなこともできないんですか？」、「何年教壇に立っているんですか」と厳しく指摘したり、事務職員の須藤加奈（女性、29歳）には「事務の研究会に出る余裕があるなら、もっと電話取ってもらえませんか？　あなたの役目はまずは電話番ですよ」と言う日もあった。

田中は、根本が忙しいことは十分承知していたが、仕事はテキパキできるほうだし、自分よりもこの学校の経験も教職経験も長いのだから、根本の自主性を尊重し、口出しすることは基本なかった。

しかし、田中の呼びかけた〝チーム里中〟は静かに、そして確実に崩れようとしていた。

中村は「自分が研究主任をするのは適任ではなかった。何年も教員をしているのに、自分の能力不足のせいで周りの先生たちに迷惑がかかっている」と思い悩み、公開授業研究会の準備は、さらにはかどらなくなった。それがさらに中村を悩ませる悪循環となり、6月下旬には抑うつ状態と診断されるまでになった。

須藤は、今年異動してきたときは、事務職員として自分はもっと学校運営に貢献したいとも思っていたのだが、「この管理職のもとではむずかしいかな」とあきらめモードとなっていた。

ほかの教職員も事件のあと、いじめ対策や生徒指導などで忙しさは増し、職員室の雰囲気は毎日ピリピリしたところがあった。7月には職員間の挨拶もあまり聞かなくなった。

【問い】

(1)田中校長は「〝チーム里中〟をキーワードに、何事にも団結して取り組みましょう」と呼びかけていたわけですが、里見中の現実は、どうだったでしょうか。問題あるいは課題と感じるところがあれば指摘し、なぜ問題・課題と捉えたかについても説明してください。

(2)〝チーム〟あるいは〝チームワーク〟という言葉は、このケースに限らず、よく学校で聞くと思います。似た言葉として〝グループ〟があります。〝チーム〟と〝グループ〟にはどのようなちがいと共通点があると思いますか。

(3)今回のケースを参考に(あるいは反面教師に)、(1)、(2)を踏まえつつ、学校が〝チーム〟となるにはどんなことが重要だと思いますか。たとえば、「コミュニケーションが重要」といった抽象論でなく、「誰と誰のあいだのどのようなコミュニケーションが必要か」など、なるべく詳しく述べてください。

《解説》

◎だれも悪気はない、一生懸命なのだが……

このケースを読んで、読者のみなさんは、どう感じたでしょうか？

●根本教頭はけっこうひどいことを言うなあ。パワハラじゃないの？　でも、こんな人、うちの周りにもいるんだよね……。

●田中校長はもっとしっかりやってよ！　放置しすぎ。

●中村先生は県指定の事業があるときに不慣れな研究主任をやらされ、病気になって、かわいそう。もっと周りが手伝ったり、ケアしたりできなかったのかな？

●事務の須藤さん、これじゃあ、モチベーション下がるわな……。　など

このような感想をもった方も多かったと推察します。あなたの周りにもこういう学校、けっこうありませんか？

今回のケースで、一つの特徴は、特段**誰も悪気をもってやっているわけではない**、ということで

す。根本教頭はきついところはありますし、パワハラの疑いもありますので、よいとは言えませんが、どうも悪意があるふうには見えません。ここで登場する人物は、みんな、個人個人としては一生懸命なように見えます。

よかれと思ってやっていることや、あまり自覚なくやっていることは見直しが進みにくいものです。しかも、職員室の人間関係やチームづくりというのは、目に見えにくい要素も多々ありますから、余計注意が必要です。本ケースのように、**静かに崩れてしまう**こともあります。

◎「チーム学校」は期待が高すぎる

本件のように、〝チーム○○中学〟などと言いながらも、実際はそこからほど遠いという事例はおそらくかなりあります。中教審が「チーム学校」について答申（「チームとしての学校の在り方と今後の改善方策について」２０１５年12月21日）を出すのは、裏を返せば、「**学校は〝チーム〟になっていないところがある**」という問題意識があるためでしょう。あなたの学校は、いかがでしょうか。

しかしながら、中教審の答申も、どうも〝チーム〟という言葉を曖昧なまま使用しているように見えます。また、「チーム学校」という理念に何でもかんでも入れ込んでいるふうでもあります。「こんな学校、理想、高すぎっしょ!?」という声が聞こえてきそうです。

ともあれ、もう少し目線を下げて、中教審の答申をよく読むと、「チーム学校」には大きく二つのポイントがあることがわかります。

一つには、個々の教員が個別に教育活動に取り組むだけでは十分ではない、つまり、「個業」(1)ではいけませんよ、というメッセージです。

もう一つは、専門性のある人材・機関とうまく連携していきましょうね、ということです。つまり、「学校だけで抱え込んじゃ、この複雑化した課題に対応できないよね」というメッセージです。

両方をあわせると、「**一人の教員で抱え込まないこと、また学校のなかだけで頑張ろうとしすぎないことが大事だ**」ということですね。このくらいに噛み砕いてざっくり捉えたほうが、わかりやすいと思います。ただ、これだけだと、どうも前から言われてきたこととそう大きな差があるようも見えません。今度は、「なんだ、当たり前のことを言っているだけじゃないか」という声が聞こえてきそうです。

◎「チーム学校」になるには、なにが必要か

学校がもっと〝チーム〟になろう、というのはたしかに当たり前のことなのですが、凡事徹底という言葉もありますように、この当たり前のことをきちんと実践していくのは簡単ではありません。では、どうするか。中教審の答申では、三つの視点をもってほしいと述べています（61ページの図表2-1）。

一つ一つの指摘はごもっともと思うのですが、やはり、多すぎませんか？　三つの視点と言いな

がら、それぞれにてんこ盛りの内容なので、おそらく読者のみなさんの多くは、お腹いっぱいという感じでしょうね。わたしは、このケースで問題にしたように、学校が本当の〝チーム〟となるには、もっと大きなポイントがあると思います。

◎〝チーム〟と〝グループ〟のちがい

その問題を考えるヒントが、今回のケースの問い(2)です。〝チーム〟と〝グループ〟のちがいと共通点、なんだと思いますか。たとえば、地域の少年サッカークラブは、チームという感じがしますが、公民館で囲碁を打っているおじいちゃんたちはグループという感じがします。

わたしは、教職員向けの研修会で、このテーマでワークショップをよく行います。(2) 〝チーム〟と〝グループ〟のちがいとして、たとえば、次の意見が出てきます。

✓目標、目指すものをもっているのがチーム。グループは単なる集まりや集団。
✓チームのほうがグループよりも組織だって動いている感じがする。グループは悪く言えば、烏合の衆というときもある。
✓チームのほうがメンバー同士の協力関係が強い気がする。
✓チームにはリーダーがいるけれど、グループにはいない。　など

いかがでしょうか？　読者のみなさんも似た感想をもった方も多いと思います。たしかに、〝チ

【図表2-1】 チーム学校の実現に向けて必要なこと（中教審答申から）

①専門性に基づくチーム体制の構築
・指導体制の充実が必要。
・教員も専門スタッフも「チームとしての学校」の一員として，目的を共有し，取組の方向性をそろえることが今まで以上に求められる。
・関係者間の情報共有が重要となることから，相互に十分なコミュニケーションを取る。
・それぞれの職務内容，権限と責任を明確化することによって，チームを構成する個々人がそれぞれの立場・役割を認識し，当事者意識を持ち学校の課題への対応等を行う。
・少数職種が孤立しないよう，学校全体で意識改革を行い，専門性や立場の異なる人材をチームの一員として受け入れる。
・専門スタッフにも，子供の教育を共に担っていくチームの一員であるという意識が求められるとともに，学校の仕組みや教員の文化等に関する理解が必要。
・専門スタッフに係る人材を確保する必要がある。

②学校のマネジメント機能の強化
・優秀な管理職を確保する取組を進めるとともに，主幹教諭の配置の促進や事務機能の強化など校長のマネジメント体制を支える仕組みの充実を図る。
・校長が，副校長・教頭や主幹教諭，事務長等とともに組織的に学校経営を行うことができるような体制の整備を進めていく。
・管理職を総務・財務面で補佐する必要性が増大しており，事務職員の職務の在り方等を見直し，学校の事務機能を強化する。
・カリキュラム・マネジメント等に学校全体で取り組むために，学年や教科等の単位を超えて，企画・立案を行い，実施する機能を強化する必要がある。
・校長は，学校の教育ビジョン等の中で明確に示し，教職員と意識や取組の方向性の共有を図ることが必要。
・学校の裁量拡大を進めていくことも重要。

③教職員一人一人が力を発揮できる環境の整備
・管理職は，面談等の機会を活用し，人事評価制度を活用していくことが大切。
・優れた実践を行った教職員を顕彰する取組も進めていく必要がある。その際，チームとしての取組を評価することを検討する。
・教職員が自らの専門性を最大限発揮することができるようにするために，学校の業務改善に引き続き取り組んでいく必要がある。
・校務分掌や校内委員会の持ち方，業務の内容や進め方の見直し，教職員のメンタルヘルス対策等に取り組むことにより，教職員が持てる力を発揮できるようにすることが重要。
・法令に基づく専門的な対応が必要な事項や子供の安全管理など専門知識等に基づく対応が必要な事項に関し，教育委員会において学校や教職員を支援する体制の整備が重要。

出所）「チームとしての学校の在り方と今後の改善方策について（答申）」中央教育審議会2015年12月をもとに作成

ーム〟も〝グループ〟も人の集まり、集団という意味では共通ですが、目標の有無（あるいは目標を強く意識しているかどうか）や組織だった活動や協力することが多いかどうか、役割分担がしっかりしているかどうかは、両者で異なる印象を受けます。

この**両者のちがいが、実は「チーム学校」を実現するうえでも重要**です。つまり、**目標をしっかり共有して、その目標に向かってチームで分担、連携、協力しながら組織だって行動する**ことです。拙著第I巻『思いのない学校、思いのある学校……』や『変わる学校、変わらない学校』でも強調しているように、学校では、ビジョン・到達目標を共有して、そこに至るプロセスを設計して、さまざまな人・機関とネットワークを活かしながら活動することが重要です。

◎サッカー岡田ジャパンはなぜ強かったのか

かつてサッカー日本代表の監督として、ワールドカップでの大活躍をリードした岡田武史さんは、次のように述べています。(3)

コラム

サッカー岡田監督のチームをつくる技

「負けるのは仕方がない。でも、このままだと何回やっても同じことの繰り返しだ。どうしたらいいんだろう」ということで考えたのが、明確な共通した目標を持つこと。そしてもう一つは、「このチームはこういうチームなんだ」という〝フィロソフィー（哲学）〟を作ること。……（中略）……

　明確な目標はもちろん「W杯本大会でベスト4に入ることに本気でチャレンジしねえか」ということ。みなさんはいろんな成功の書とか読んで「目標設定って大事だ」と思っているでしょうが、今**みなさんが思っている10倍、目標は大事です。目標はすべてを変えます。**……

　一番上の目標をポンと変えると、オセロのように全部が変わります。「お前、そのパスフィードでベスト4行けるの?」「お前、そんなことでベスト4行けるのか?」と何人かの選手にはっきりと言いました。……

　「our team」という言葉を言っています。「みんな、自分のチームという意識がないな」ということでフィロソフィーを作ったので、これが一番大事と言えば大事なのですが、「このチームは誰のチームでもない。俺のチームでもない。お前ら一人一人のチームなんだ」ということです。……

　村の祭り酒という話を、選手によくします。収穫を祈念して、夏祭りをする村があった。祭りでは、お酒が入った大きなたるを、みんなでパーンと割って始める風習があった。ある人が、「みんなが家からちょっとずつお酒を持ってきて、たるに入れたらどうだ?」と提案した。当日にパーンとみんなで割って「乾杯」と言って飲んだら、水だったという話です。みんな、「俺1人ぐらい水を入れても分かんないだろう」と思っていたんです。

　チームってそういうことはあります。……「チームはちょっと負けてるけど、俺は一生懸命やってるからまあいいや」ということで、だんだんみんなが引いてくるのが分かるんです。……

　チームというのは仲良しグループが一番いいのですが、**別に仲良しグループじゃなくてもいいんです。**大体、男30人が集まってみんな仲良しなんてこと、今まで1回もないですよ。「どうもあいつそりがあわん」「どうもあいつ好かんな」ということはあります。でも、「どうもあいつ好かんけど、あいつにパス出したら絶対決めよる」「どうもあいつ馬が合わんけど、あいつにあそこ守らしたら絶対止めよる」、こうやって**お互いを認め合うのがチームワークなんです。**そう認め合ってもらうために、自分を認めてもらう努力をすること。これがcommunicationです。

第1章のモチベーション・マネジメントでも紹介しましたが、目標設定というのは動機付けとして重要であり、チーム学校を機能させていくうえでも不可欠なポイントだと思います。岡田さんは、この経営理論を意識してか、しないでかはわかりませんが、うまく採り入れていたと言えます。

もう一つ、この日本代表チームの話が示唆的なのは、「別に仲良しグループじゃなくてもいいんです」という指摘です。どの世界でも大のオトナが集まるわけです。価値観、人生観はちがっているほうが自然です。また、学校では、教育観や目指す子ども像もビミョウに教員のあいだ、また一般の教諭と他のスタッフ（養護教諭、事務職員、スクールカウンセラーら）のあいだでちがっていることも多々あります。たとえば、ある教員は子どもの自主性と好奇心を高めたいということで指示は最小限にして考えさせることを重視する、別のある教員は、基礎的な知識・情報は教え込むことを重視するといった具合です。両者はいつも衝突するわけでありませんが、ときとして、対立します。

各々が重要と思うベクトルを完全に一致させるまではいかなくても（完全に一致するのはむしろ全体主義的でリスクも高い）、**ベクトルの和が取れるように、歩み寄れるところや連携できるところは探していく**べきです。そこが「お互いを認め合うのがチームワークなんです」という岡田さんの指摘とも通じる、チーム学校の一つの大きなポイントだと思います。

話をケースに戻しましょう。

チェックポイント①。里見中では、**目標の共有とメンバーへの目標設定は十分できていたでしょうか。**記事からだけではわからない点もありますが、県の研究指定を受けたものの、公開授業研究などをなんとか「無難にこなす」ということに注意が集まり、所期のねらいや理念がなおざりとなっていないか、心配になります。

また、根本教頭の言葉のなかで、事務職員の役割を電話番と狭く偏った見方で捉えていることも問題です。電話は取れる人がとればよいのでしょうが、事務職員の中心的な仕事ではありません。むしろ、須藤さんは研究会に参加するなど学校事務に情熱をもっているようですし、教頭の仕事の一部を分担・協力できるパートナーとなる可能性も十分にありました。

根本教頭のチームづくり、チームビルディングは、正直まずい点が多いと言わざるを得ません。第1章でも取り上げたように、管理職等は部下・同僚の内発的動機が高まるように心がける必要があります。「あなたは電話をとっておけばよい」という価値付けでは、動機付けに逆行します。

チェックポイント②は、ベクトルの和を取っていけるように、**お互いを知ろうとすることやコミュニケーションが十分できていたか**、という点です。田中校長は、かなり無関心に近いような行動をしていますし、根本教頭のように怒鳴り散らすというのは、コミュニケーション上、百害あって一利なしです。この観点からも里見中には問題が多かったと言えます。

◎なぜ、ちょっとしたコミュニケーションがとりづらいのか：三つの理由

ギスギス、ピリピリした職員室。どうしていけばよいでしょうか。設問(3)とも関わります。里見中がチームとして再出発するには、なにをしていくことが必要でしょうか。

「教職員の間のコミュニケーションを活発にしよう」、「風通しのいい職場にしよう」と言うのは簡単です。また、学校の多忙化が進んで〝飲みニケーション〟が少なくなったのがいけない、と考える方もいると思います。しかし、なんでもかんでも飲み会で解決しようとするのも乱暴ですし、若い職員からは「時間外くらい自由にさせてくれ。飲みに誘うオジサンさんたち、ウザっ」と思われてしまうかもしれません（笑）。

あなたの学校では教職員間のコミュニケーションは十分でしょうか。そうでないとしたら、「**なぜ、ちょっとしたコミュニケーションがとりづらくなっているか**」ということをよく考えなければ、有効な対策はとれません。このケースに引き寄せて考えると、

・なぜ、田中校長は教職員にもっと話しかけるなど、情報収集しようとしなかったのか
・根本教頭は、多忙を極めているのだったら、なぜ、校長や同僚と分担しようと言わなかったのか
・中村主任は、なぜ、孤立して悩み続けることになったのか
・事務職員の須藤さんは誰とも相談できず、あきらめるしかないのか

【図表2-2】 教職員間のコミュニケーション不足が起こりやすい背景・原因

①一緒にいて話しかけられる場、時間が少ない。

・教室で作業する小学校教師、部活動に忙しい中高の教師。

・昔のストーブ談義に代わるものがない。

②教師は弱みを見せづらく、共有しづらい職業。

・各教員は十分に一人前であるというフィクションの前提。

・同僚にも弱みを見せづらく、ヘルプサインを出しづらい。

③現状が可視化される場が少ない。

・従業員の活動実績や状況が可視化される場が極めて少ない。

・職員会議等も連絡事項の共有にとどまり、各々の活動や気になることを共有する場にはなっていない。

といった疑問が浮かびます。

学校でコミュニケーション不足が起こりやすい背景・原因として、わたしは、次の三つが大きいと考えます（図表2-2）。

第一に、**一緒にいて話しかけられる場、時間が少ない**ことです。小学校では教室で作業する教師も少なくありません。中学校や高校等では教科ごとの部屋（理科準備室など）にこもっていたり、部活動指導が長時間あったりして、なかなか職員室に先生がいないということも多々あります。わたしが訪問したある小学校では、ケアが必要な子たちに向き合うため、教頭らもよく教室や体育館に出払っており、職員室には事務職員だけという時がありました。

「昔は、冬の寒い時期には職員室に一つだけのストーブのところにみんな集まって、ちょっとした声かけやコミュニケーションがあったんだけどな」と懐かしく思う方もいることでしょう。ある中学校ではこの〝ストーブ談義〟に代わるものとして、旅行や出張のときのお土産など、茶菓子を職員室の一角において、そこをちょっとした交流スペースにした例もあります。(4)

第二に、これがより根本的な背景だと思いますが、**教師は弱みを見せづらく、共有しづらい職業**である、ということも影響しています。

企業では、新人や入社数年の者には先輩が付いて改善点などを教えるのが普通です。ところが、学校は「各教員は十分に一人前である。どの先生に当たっても十分な質の教育は提供できる」というフィクションとも言える前提の上に運営しています（「教育の質の保証」）。

企業であっても、顧客の前でわざわざ苦手意識を出すことなんてほとんどないことだと思いますが、学校は、身内（同僚や上司、管理職）に対してでさえ、弱みを見せづらく、ヘルプサインを出しづらい組織です。悩みや困ったこと、気になる子がいても、そのことを同僚と共有することは、自分の学級運営力や授業力のなさを露呈しているような気持ちになる教員もいます。

第三に、企業などと異なり、**現状が可視化される場が少ない**という背景もあります。

たとえば、企業であれば、商品・サービスの受注状況や営業状況、工場の稼働状況などを、部や課単位で集まり、把握・分析する場も少なくありません。こうした会議では、各々の活動の状況報告にとどまらず、関連情報や営業活動などの工夫、今後の方針などをなるべく可視化させようとします（典型例では、顧客開拓の進捗状況と今後の方針、担当者名を記した長いリストが配られる光景）。こうした場は、気になることや悩んでいること、同僚や他部署と連携したほうがよいことなどを共有するコミュニケーションの機会ともなります。

しかし、学校では、こうした**現状確認の場が極めて少ない**のが現状です。職員会議や企画会議（管理職や教務主任ら主要メンバーによる会議）はあっても、連絡事項の共有や報告がほとんどで、各々の活動の進捗や気になることを可視化するものとはなっていないことが多いのではないでしょうか。

もちろん、とても気がかりな子の動きや問題行動などがあれば、その都度、頻繁に情報共有や相談をしている学校がほとんどでしょう。しかし、そうしたことは教職員の活動のごく一部です。ある知人は「学校を40年近く見てきたけど、会議の仕方がほとんど進歩していない」と言っていました。あなたの学校ではどうでしょうか。

以上、少なくとも三つの意味で、**学校というところは放っておくと、コミュニケーションは起きづらい**、と言えます。言い換えれば、学校では、「コミュニケーションをもっと図ろう」などという かけ声だけでは進むわけではないのです。

そのため、たとえば、校内研修などを通じて、悩んでいることや課題がある点について教職員が協力して考える機会をつくったり、朝や放課後にちょっとした声がけを行ったりするなど、学校は、企業以上に**意図的にコミュニケーションの場をつくっていく必要**があります。本ケースでもそう言えると思います。

参考例を紹介しましょう。ある航空会社での話。キャビンアテンダントたちは乗客を迎える前に、毎回必ず、短めのミーティングをもちます。これはブリーフィング（briefing）と呼ばれ、当日の天候等に応じた注意事項の確認、最新の乗客リストなどから特に気をつけないといけない顧客についての共有、安全対策や役割分担の再確認、互いの健康状態のチェックなどを行います。

なんと、搭乗ごとに毎回クルー（チームメンバー）はちがっているというのですから、驚きです。そうしたなかでもしっかりチームで動けるように、短くても情報共有やお互いの状況を把握しておくことは必須というわけです。

2 教頭はつらいよ

《ケースのねらい・背景》

教職員のモチベーションやチームワークを考えたとき、いま、一番しんどい立場にあるのは、副校長・教頭かもしれません。仕事は多種で〝何でも屋〟的な役回りとなることも多く、毎日早朝から遅くまで残業。その反面、子どもと直接接する機会は減りますし、学校のチームづくりや人材育成に貢献したくても目の前の業務で手一杯という人も多いことでしょう。何のためにこの仕事をしているのだろう、と悩むのも無理のないことです。

そこで、今回は、副校長・教頭の役割、言い換えれば、〝副校長・教頭をやっていてよかったね〟と思える魅力はどこにあるのか、考えます。

【ケース№008：副校長・教頭の魅力って……】

次は、読売新聞（2015年6月15日、7月6日）の記事の抜粋です。

＊＊＊

公立小中高校の教員が、副校長・教頭の職を敬遠する傾向が強まっている。自ら希望して一般教員への降任を求める副校長・教頭のほか、昇格を望まない教員も目立つ。背景には、その激務ぶりがある。

東京都内の50代半ばの小学校副校長に、ある1日を記録してもらった。

午前7時にどの教員よりも早く学校に着くと、校内の見回り、会議、市教委への報告など分刻みで仕事が入る。昼食は10分間。午後も連絡網の作成や電話応対などに追われ、午後8時半、最後に学校を出る。

「『何かあれば副校長』というのが実情。本来なら人材育成にもっと時間をかけたいが、ほかの仕事に追われて1日が終わってしまう」とこの副校長は語る。

首都圏の小学校で昨年、降任した50代後半の元教頭は「授業で児童とまた触れ合うことができるようになってとても幸せだ」と語った。

横浜市内の50代前半の小学校副校長は「電話や来校者、教委の調査などへの対応で『一人総務状態』だが、給料はほとんど上がらない。副校長職を10年続けているが、降任を考えたことも何度かある」と打ち明ける。

＊＊＊

愛知県安城市の小学校で教頭を5年間、校長を4年間務めた加藤正雄さん（64）からは、「教頭時代は朝一番に学校に到着し、土日もＰＴＡや地域の行事でつぶれることがしばしばだった」とするメールが届いた。「校長がうまく管理することが大切。私は校長時代、校内をよく回り、授業も参観し、教職員の指導も積極的に行った。校長の裁量で教頭の負担は軽減できる」と指摘する。
埼玉県の40代の小学校教員は「教頭は校長から好きなように使われることも珍しくない。教えることが好きで教員になった人がほとんどなので、原則授業を行わない教頭を敬遠するのは当たり前」とメールに記した。

【問い】
(1)この記事やあなたの学校の現状を参考に、副校長・教頭のモチベーションや前向きな行動を妨げている要因があるとすれば、それは何だと思いますか。
(2)校長から副校長・教頭にかける言葉として、適切ではないと思うこと、NGワードとして、どのようなものがあると思いますか。
(3)副校長・教頭の職の魅力とはどのようなところにあると思いますか。

《解説》

◎副校長・教頭のつらさはどこにあるのか

うちの学校でも似たような状況だ、と思われる方も少なくないと思います。国の実施した教員勤務実態調査（2006年と2016年に実施）を見ても、**平日の勤務時間が最も長いのは、副校**

長・教頭です。平均で1日約12時間労働（2016年）というのは、過労死ラインを超えており、2006年と比べても増加しています（小中学校）。

もっとも、多忙だからと言って、やりがいやモチベーションが低いとは限らないわけですが、副校長・教頭の仕事の大変さ、つらさとして、おおむね、次の点が指摘できます。

✓前述のとおり、最も長時間労働を強いられている職である。

✓教育委員会からの依頼や指示等への対応、地域、保護者との折衝・調整など、教科指導や学級運営を中心としてきた教諭時代にはあまりなかった種類の仕事が格段に増える。しかも、これらの中には、子どもたちの成長に直接的に関わる教諭時代の仕事と比べて、意義を見いだしにくいものもある。

✓校長のマネジメントスタイルや校長との人間関係によって、最も大きな影響を受ける。つまり、校長との関係が悪いと、たいへん仕事がしづらい。

✓校長になりたいという気持ちはあるが、副校長・教頭として何かを実現したいという志はあまりない。

あなた（あるいは、知り合いの副校長・教頭）はいくつ当てはまりますか？

わたしは、ときどき副校長・教頭向けに講演・研修を行うのですが、副校長・教頭には2タイプある、という話をします（図表2-3）。研修では、「みなさんは、**元気な副校長・教頭でいたいですか？　それとも悩める副校長・教頭のままでいいですか？**」と聞きます。

【図表2-3】　副校長・教頭の2タイプ

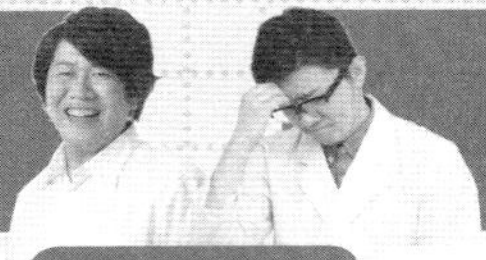

元気な副校長・教頭		悩める副校長・教頭
●信頼関係 ●特に一人職との関係が良好 ●他の教職員とパスを出し合う	職場の状況	●不信感orあきらめ ●一人職との関係がギクシャク ●個人プレー、殻にこもる
●やってみる、カイゼンする ●自分なりの意見や判断材料をもつ ●アイデアを出し合える仲間がいる ●勉強会に積極的に参加するなど外でのつながりもある	行　動	●前例踏襲、留守番役 ●校長の指示待ち ●飲みに行って愚痴を言い合う仲間はいる ●仕事外の人脈はあまりない

悩める副校長・教頭として紹介したのは、ある方の実話をもとにしています。その教頭は、校長から「教頭職というのは、学校の留守番役だ（よほどのことでない限り出張はするな）。一番早く来て鍵を開け、一番遅くまで残っているものだ。オレが教頭のときもそうしてきた。」と言われて、かなり気落ちしたということでした。

〝留守番役〟という意味にもよりますし、子どもや教職員の様子をしっかり観ておくことやいざというときのために控えておくことに決して価値がないわけではないのですが、それだけではなかなか前向きにはなりづらいでしょう(5)。

むしろ、校長なら、「副校長には広い見識が必要だし、ゆくゆくは校長として学校づくりをリードしていく。可能な限りいろんな場に出かけて、そこから学んだことがあれば、わたしや教職員にフィードバックしてほしい。」と言ってほしいものです。

2タイプの対比について、もう少し説明しておきましょう。元気な副校長・教頭は、職場で信頼関係があります。とりわけ、校長、教務主任、事務職員、養護教諭らの一人職との関係が良好です。副校長・教頭も大規模校を除けば一人職ですが、**一人職同士の役割分担や情報の共有は特に学校運営上、とても重要**です。元気な副校長・教頭は一人で抱え込まず、他の一人職や校務分掌の主任らと分担・協力・協働しています。

対照的に、悩める副校長・教頭は、「どうせ、あの人に頼んでも、いいものは出てこない」とか「分担すると、かえってややこしくなる」と思い、他の教職員に不信やあきらめを抱いています。結果、ほかの一人職等と関係がギクシャクし、多くの仕事を自分で抱え込み、さらに多忙になっていきます。

記事のなかにもありました。「何かあれば副校長」、「一人総務状態」というのは、悩めるタイプに該当する特徴です。

こうした職場の状況、人間関係のちがいは、副校長・教頭の行動のちがいとしても現れてきます。元気なタイプは、挑戦に意欲的で、行動しつつ、改善を図ります。自分なりの意見や判断材料も多くもっていますし、どうしていくべきか、アイデアを出し合う仲間が学校の内外にいます。

悩めるタイプは、新しいことをしようという気にはならない、前例踏襲型が多いように思います。

このタイプは、校長の指示待ち、あるいは指示を仰ぐことで精いっぱいとなっていることがあります（これは校長のマネジメントスタイルの問題でもありますが）。飲みに行って愚痴を言う仲間はいますが、建設的なアイデアを出したり、ともに行動したりする仲間はいません。

もちろん同じ人でも、あるときは元気なタイプに近くなり、あるときは悩ましいタイプになるということも多々あることでしょう。ですが、**いまのままの自分でいいのだろうか、どちらのタイプになることを多くしたいのか、と振り返る**ことが大切です。

ある新任副校長から、こんな質問を受けたことがあります。

「副校長が集まる会議に出ると、オレは大変といった自慢ばかりです。もしくは、校長や職員についての愚痴の言い合い。そんなことでしか盛り上がれないのも悲しい気がします。妹尾さん、**もっと前向きで元気な副校長・教頭っていないんですか？**」

ぜひ、元気な副校長・教頭が増えてほしいと思います。

◎副校長・教頭に言ってはいけないこと

設問に戻ります。校長から副校長・教頭にかける言葉として、適切ではないと思うこと、NGワードとして、どのようなものがあると思いますか。

ぜひこういう問いかけを校長研修でもやってみて、書き出してもらうといいと思います。または、副校長・教頭研修でもアイデアを出して、それを教育委員会や校長会に投げかけてみてはいかがでしょうか。……ん～、そんなことをすると、校長との関係が険悪になりますかね？

いろいろなNGワードがあると思います。たとえば……、

●「副校長・教頭は留守番役でいい。」

●「オレが副校長・教頭のときは、このくらいのことやっていた。」

こういう言い方をされると、モチベーションを下げてしまう場合や、「ああ、この人には付いて行けないな」と受け止められてしまうことも多々あります。同様の理由で、「あなたにはこの程度のことしか期待していない」というメッセージも要注意です。人は期待をかけられるから歯を食いしばって頑張れることもあるのです。モチベーション理論で、承認欲求が重要とされていることを思い出してください。

ところで、教頭等に対してということに限らず、「オレが○○のとき（たとえば若いとき）は、もっとやっていた、これくらいのこと難なくやっていた」など若手教員等に言うオジサン、みなさんの周りにもいませんか。あるいは、あなた自身は大丈夫でしょうか。

次のことを考えてほしいと思います。

∇その人ができていたかどうかは、実はあやしい。第一に、自己評価であるから甘い可能性があります。第二に、人間は記憶を自分の都合のよいように書き換えてしまうことがあると科学的に明らかになりつつあります。

∇仮にその人ができていたとしても、今と当時（昔）では状況がちがいます。

∇自分ができたとしても、他人ができるとは限りません。むしろ校長等であれば、育成支援をするべきです。

もう一つ、NGワードを紹介しましょう。それは、具体性のない文句や批判です。たとえば、「あなたの指導力にもっと期待しているのだけど…」とか「将来、校長になるのだったら、もっとしっかりしてくれないと…」といった言葉です。

これは、本人のモチベーションを下げるほどではないかもしれませんが、具体性がないために、言われた側も何をどう改善したらよいのかわかりません。つまり、育成にはならないのです。第1章の「2. 人材育成の悪循環とフィードバックの技術」も参照してください。

◎自分のミッション・役割をどう定義するか

あなたはどんな仕事をしたいですか？

自分の仕事のミッション・役割をどう定義するかは、とても大事だと思います。

ミッションとは、存在意義なども訳されますが、**「自分はなんのためにこの仕事をしているのか」**ということです。「志」あるいは仕事の「目的」と呼んでもよいでしょう。

たとえば、衣料品を売るブティックで、従業員を販売員と位置付けるのか、それともお客様のファッション・コーディネーターと捉えるのかで、仕事ぶりは違ってきます。単に販売員ですと、たくさん売ることばかりに関心がいきやすくなりますが、コーディネートする仕事と考えるなら、顧客の相談にのったり、「このシャツにはこのジャケットが合いますよ」などと提案したりすることが視野に入ってきます。

お気づきになったかもしれませんが、このミッション定義や役割定義は、人事評価とも密接に関わってきます。

みなさんの学校の現状はどうでしょうか。

残念ながら、教職員のモチベーションや気持ちに寄り添おうとしない校長もいるのが現実だろうと思います（人事を考える教育委員会等の見る目もどうかしています）。そうした校長は、本書を手にとってくれない可能性が高いかもしれませんが……。

しかし、副校長・教頭としても、人のせいにするばかりでは、自分の成長は止まってしまいます。人や周囲に合わせるばかりで、自分のミッションや志を置き去りにしてはいけない、そう強く思います。

仮にあなたが、幸いにもすばらしい校長や同僚、あるいは学校外で師匠やメンターと呼べるような人と出会えたならば、その人の姿や助言を参考にしてもよいでしょう。しかし、いずれにしても、決めるのは自分です。あなたは、自分の仕事をなんのための、どんな役割と定義しますか。

ここでは副校長・教頭について論じていますが、同じ話が他職にも言えます。校長とは、教諭とは、事務職員とは、あるいは教育長とは、教育委員会の職員とは、などというかたちで問い直すことが大切です。

◎ほかの一人職とも連携しながら、そこそこの強みを伸ばせ

学校の置かれた状況にもよるので、一概に、副校長・教頭はこんなミッション・役割がよいとは言えないのですが、いくつかの例、選択肢を紹介します。

(ア)学び続ける教職員集団、アクティブ・ラーナーを育てる

新しい学習指導要領で「主体的で対話的な深い学び（アクティブ・ラーニング）」が強調されているのは周知のとおりです。資質・能力の三つの要素の一つとしても「学びに向かう力」が強調されています。しかし、子どもたちに必要である以前に、教職員がアクティブ・ラーナーになっていく必要があるのではないでしょうか。

副校長・教頭として、**「学び続ける教職員集団」を育てていくための動き**をなにかできないでしょうか。たとえば、研究部、教務部などと連携したうえで、校内研修会をもっと活性化したものにしていくこと、打ち上げ花火的な研修ややったきりになっているところを改善することなどは一つの課題だと思います。

外部の研修・勉強会などにも率先して出かけるのもよいでしょう。人間関係は広がるし、副校長・教頭としては、ともすれば目の前のことで精いっぱいになりがちな教職員に対して、視野を広

げる役割もできるようになります。わたしのリアルな友達やFacebookでつながっている仲間には、学びに貪欲な副校長・教頭（校長や教諭、事務職員もです）がたくさんいます。

米国等の研究と実践でもしきりに言われていることがあります。それは、〝**professional learning community（専門職の学習共同体）**〟をつくっていくことです。[6] これは、「生徒の学習の改善という共通の目的を目指して、協力して活動する教育者たち」などと定義されていますが、日本でも昔から「同僚性」が大事と言われてきたこととも通じることです。副校長・教頭は（校長も）、〝professional learning community〟をつくり、広げていく人たちです。

(イ)校務分掌とカリキュラムをつなぐ

いくらすばらしいビジョンや教育目標ができたとしても、それが個々の教職員の実践につながらなければ、意味がありません。そのためには、学校全体の目標や計画を校務分掌単位や教科単位に分解して、分担していくことが必須となります。また、カリキュラムマネジメントが強調されているように、教科横断や学年横断で推進していくことも多々あります。

学校全体から分掌へ、または教科へつなぎ、あるときには教科間・学年間の連携に仕向けていくことに副校長・教頭の役割はあります。これは教務主任任せにはできない仕事だと思います。

(ウ)地域と学校をつなぐ

「社会に開かれた教育課程」といったムズカシそうなコンセプトを持ち出すまでもなく、教育活動をより充実させたいのであれば、外部も含むさまざまな人や組織と組んでいくべきです。副校長・教頭としては、(イ)のカリマネとも関連しますが、どのような資源や人材を教育課程のなかでもっと活かしていくとよいか、企画やファシリテートしていく役割が考えられます。

(ア)〜(ウ)は一つの例に過ぎません。これ以外にもあるでしょうし、また、すべてを担うスーパーマンを期待しているわけでもありません。

副校長・教頭に申し上げたいのは、自分が他の人よりも**〝そこそこできるかな〟というものでもよいので、ちょっとした強みを活かせること、伸ばしていけることに挑戦する**ことです。

自分が苦手なことや時間が足りないことについては、校内外の得意な人に依頼することも大切でしょう。

とりわけ、副校長・教頭は、ほかの「一人職」(教務主任、生徒指導主任、養護教諭、事務職員ら)との連携・協働が不可欠です。本章で検討している〝チーム〟に学校がなっていくために、副校長・教頭は扇の要のような存在であるでしょう。しかも、自身のミッションに苦悩があるのは、こうした一人職も同じです。アツイ志をもっている人、同志は案外、あなたのすぐ近くにいるかもしれませんよ。

(1) 「個業」とは個々人の活動、個人プレーにとどまっていることを指します。「協業」がチームとなって協力し合って活動することと対照的な概念として用いています。

(2) このワークは企業等でのチームビルディング研修やフィンランド教育の普及に努めている水橋史希子さんから学びました。

(3) ２００９年12月11日、早稲田大学での講演。ITmedia ビジネスオンライン記事。（http://bizmakoto.jp/makoto/articles/0912/14/news010.html） ２０１８年６月25日確認

(4) 玉置崇（２０１５）『主任から校長まで 学校を元気にするチームリーダーの仕事術』、明治図書出版

(5) もちろん、保護者等からの電話でキャッチできる情報は貴重ですし、遅くまで残っている教職員へケアが必要なときもあるでしょう。しかし、だからと言って、副校長・教頭が常にそう対応せねばならないわけではありません。そんなことをすれば、高い人件費がもったいないと考えるのが企業等ではフツーの発想です。

(6) たとえばマイケル・フラン（２０１６）（塩崎勉訳）『The Principal 校長のリーダーシップとは』、織田泰幸（２０１１）「『学習する組織』としての学校に関する一考察 ――Shirley M. Hordの『専門職の学習共同体』論に注目して――」（三重大学教育学部研究紀要）。

第3章

忙しすぎる学校

―― 働き方改革はなんのため? ――

何でよりによって先生なんですか?
○○たちが先生に無理させていたんですか?
戻ってきて下さいよ!
―― 26歳の若さで顧問が過労死したバレー部生徒の言葉 ――

人間ならば誰にでも、現実のすべてが見えるわけではない。
多くの人は、見たいと欲する現実しか見ていない。
―― 古代ローマの政治家・英雄　ユリウス・カエサル ――

1 相互不干渉な職場――多忙化と個業化のなかで

《ケースのねらい・背景》

はじめに、次の写真をご覧ください。

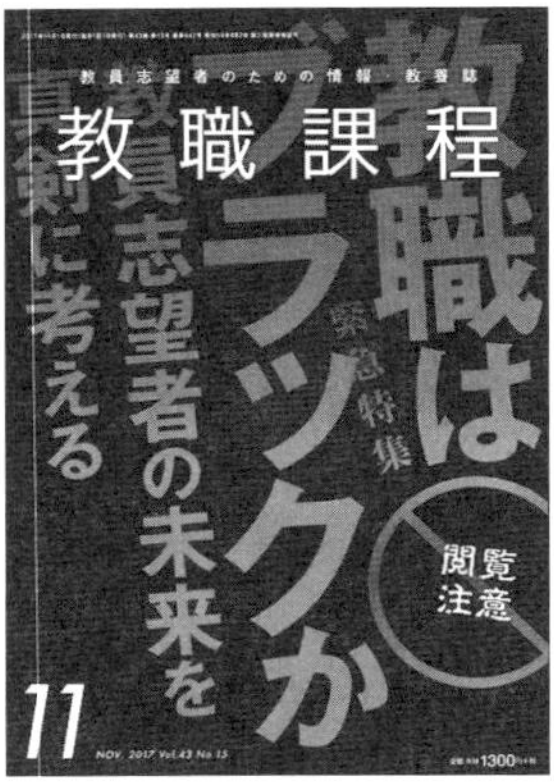

いずれも2017年9月に発売された雑誌で、学校の多忙化、長時間労働の問題を扱っています。「週刊東洋経済」はコンビニやキオスクでも売っている一般のビジネスパーソン向けの雑誌。「教職課程」では「教職はブラックか」という刺激的な表紙とタイトルですが、実は教員採用試験を受ける大学生等向けの雑誌です。「教職研修」と「総合教育技術」は主に小中学校の管理職によく読まれていて、働き方改革の具体策を論じています。ちなみに、わたしはこの4冊ともに寄稿しています。

この写真から何が言いたいかと言えば、次の2点です。

第一に、一般の方や教員志望者向けに特集が組まれるほど、社会の危機感は高まっているということです。この雑誌以外にも、新聞やテレビ報道、インターネットニュース等は、学校が忙しすぎるということを報じています。ここ10年、20年でこんなに世論が学校の長時間労働を問題視し、改革を応援しようとしている時はありません。

第二に、しかし、あなたの学校の職員室や教育行政はいかがでしょうか。たとえば、この問題をどこまで真剣に話し合ったことがあるでしょうか。わたしは校長や教職員向け講演・研修のときに、「長時間労働のマイナス影響を職場でそれなりに話し合ったことがある人？」と聞きますが、1～2割しか手は挙がりません。

今回のケースでは、学校の多忙化の背景・要因を分析し、それを踏まえたうえで、個業化しがちな学校の組織風土、組織文化を見直すことについて考えます。

本ケースの登場人物のように、一生懸命な教員はたいへん多いと思います。しかし、長時間労働のなか、1人で抱え込み悩んでいると、過労で倒れたり、精神疾患やバーンアウト（燃え尽き）となってしまったりする例も多数あります（時には1人で悩み、考え抜き、もがく経験が重要なこともあるとはいえ）。「教師は戦場なみのストレスにさらされている」とは、国際労働機関（ＩＬＯ）の言葉だそうですが、戦場にあなたは1人で立つと言うのですか？

【ケースNo.009：ちょっと私からは口出しできないかな】

九州地方にある市立緑小学校は、海や緑の自然が豊かな地方にある。ここ数年は定年退職者も多く、新規採用者も増えており、現在は25人の教職員のうち約4割が20代であった。

豆《まめ》田《だ》孝《たかし》教諭（26歳）は、講師経験を経て正規採用されて2年目である。非常に真面目な性格で、責任感も強く、何事にも一生懸命な姿勢は職場でも評価されていた。5年3組の担任で、国語や社会では自作のプリントを使った授業を度々行っていた。子どもたちの書く力をつけさせたいと、毎週金曜にはその1週間でとくに強く感じたこと（うれしかったこと、楽しかったこと、悲しかったこと、くやしかったことなど）を書く日記風の作文を宿題に課し、丁寧にコメントを書いてノートを返却していた。

校務分掌では、養護教諭らとともに、保健部と人権委員会に属していたが、いずれも豆田にとっては初めての経験であり、書類の作成などにも時間がかかることも多かった。

豆田は毎朝7時30分には出勤し、帰りは21時をまわる日も週に3、4日はあった。土日のほうが集中できるからと、出てくることも半ば常態化していた。

ところが、7月の猛暑の時期に入り、過労とストレス性の胃潰瘍が原因で豆田は体調をくずし、1週間入院することになった。犬伏《いぬぶし》教頭（男性、49歳）が見舞いに行ったところ、豆田は「これまで自分なりに一生懸命やってきたけれど、もう、どこか吹っ切れた感じがします。本当を言うと、学校には戻りたくないんです。」と述べた。

犬伏は教頭1年目で今学期は自分も仕事をこなすことでいっぱいいっぱいで、熱心に取り組む豆田のことはさほど心配せず、ほとんど声もかけてこられなかったことを悔いた。今後の対応を考えるためにも、改めて周辺に聞き取りを行った。以下はそのメモの抜粋である。

橋本校長（女性、58歳）

豆田先生は、授業も工夫なさっているとてもよい先生で、早く元気になってほしいですね。何事にも一生懸命過ぎるところがあったのかもしれないわ。本人がどうしてもすぐにはむずかしいというなら、代わりの講師の方をお願いできるかを含めて、急ぎ教育委員会と相談しましょう。

広田教諭（女性、48歳、5年1組担任、学年主任）

豆田先生の授業研究には感心していました。ただ、ときどき教室が落ち着かない様子なのが、私のクラスからもわかりました。生徒に聞いたところ、豆田先生は四国の出身で、方言を面白がってからかう子が数人いたそうで。

豆田先生には「この年頃の子はからかいたがるのはよくありますが、何事も1人で悩まないで相談してくださいね」とは伝えていましたが、そこまで心労がたまっていたとは。放課後も豆田先生は教室で仕事されることが多くて……。もう少しこちらからもコミュニケーションをとっておけばよかった、と今では感じています。

福士教諭（女性、35歳、4年2組担任）

豆田先生とは職員室で隣なので、ときどき話すことはありました。豆田先生のように若い先生が最近増えていて、私くらいの年の先生は少ないですし、まあ、先輩としてというほどではないですが、ちょっとアドバイスすることはありました。

保健部の仕事は養護の先生がしっかりしていて大丈夫そうでしたが、人権委員会の仕事は去年、一昨年担当だった人がほとんど書類を残さないまま異動してしまって、一からやることもけっこうあったみたいです。学級運営のことは、何人かむずかしい子がいるって話を聞いたことがありますが、学年もちがいますし、主任の広田先生を差しおいてというわけにもいかないので、私としてはたまに話を聞いてあげることくらいしか……。

辺見事務主任（男性、42歳）

豆田先生は、一生懸命なのですが、まだ経験も少ないので、事務手続きなども、要領があまりよくないところがあるようでした。学級運営のことは詳しくはわかりませんが、悩んでいたようです。ちょっと聞けばうまい方向にいくこともあると思うんですが、人に頼るのはあまり得意なタイプではなかったように見えました。

独身で土日出ても問題ないと言っていましたが、私から見ると平日もう少し効率的にできるんじゃないかなとも思いましたが、ちょっと事務職員から、授業の準備のことや学級運営のことに口出すのもどうかというところもあり、本人に伝えたわけではなかったです。

【問い】

(1) 豆田教諭をめぐる状況を踏まえて、緑小学校の学校運営上の問題点や課題はどのようなところにあると思いますか。

(2)仮に、本年の4月当初の時点（豆田教諭が元気な頃）に戻ること（タイムスリップ）ができ、あなたが犬伏教頭の立場であったとしたら、どのような学校運営を心がけたいと思いますか。「コミュニケーションをよくとる」といった抽象論ではなく、なるべく具体的な取組や留意点をあげてください。

《解説》

◎先生、先生と呼び合うなか、〝相互不干渉〟になっていないか

この緑小学校のように、体調を崩す人が出てからやっと、学校内に問題が共有される、という例は少なくありません。

本ケースで問いたいことの一つは、あなたの学校では、教職員が相互不干渉な風土、職場の雰囲気となっていないか、という点です。

読者の多くが感じたと思いますが、「管理職はどうしていたのか？」はもちろん問われるところです。企業でも「わが社の一番の資源は人材（人財）」、「人を大事にする経営」などと言いながら、実践できていないところは多くあります。

学校ではどうでしょうか。犬伏教頭は自分の仕事が忙しく、教職員への細やかなケアはできていなかったこと、また橋本校長については（この設問だけでは断定できない要素もありますが）どこ

か他人任せで自ら職場の環境づくりや教職員の関係づくりに尽力したいという気持ちは薄いのかも、と感じます。

管理職の役割と責任が大きいのは事実ですが、管理職だけの問題として片づけてしまってもいけません。本ケースでは、広田主任、福士教諭、辺見事務主任らの同僚も、豆田先生と関わりはもっていたとはいえ、それぞれの理由から遠慮がちであったことが窺えます。

お互いを「先生」と呼び合い、尊重しているふうに見えるのが学校というところですが、ともすれば、忙しさを言い訳に**お互いのことに関心が薄く**なってはいないでしょうか？

広田先生は、豆田先生のクラスが落ち着かないときがあることを把握していました。福士先生と辺見事務主任も、豆田先生の悩みをある程度聞いていたところはありました。こうした気になることを管理職や他の同僚ともう少し共有できていたら、学級が大きく荒れる前に、また豆田先生の体調が深刻になる前に、対応できていることもあったかもしれません。学級経営やメンタルヘルスは、対症療法ではなく、予防策と早期発見・早期対策が重要となります。

◎学年がちがうから、事務職員だからなどの理由で壁をつくっていないか

このケースでは、だれが悪いというわけではありませんが、福士先生は学年がちがうからという理由で、辺見主任は事務職員から授業等のことは言いづらいという気持ちで、関わり合いが少なくなっていました。広田先生も、学年主任とはいえ、自分の学級ではないということで、積極的に動

こうとしなかったのかもしれません。

こうした「自分事ではない」という気持ちでコミュニケーションが減ってしまうのは、どの学校でもよくある話だと思います。中学校や高校では、「自分の教科でないから」という理由も加わることでしょう。

たしかに、どこかで線引きをしないと、どんどん一人ひとりの仕事は増えてしまい、多忙化に拍車がかかってしまうかもしれません。役割分担や分業は重要です。しかし、このケースのように学級崩壊に近い状態になったり、長期に休む人が出たりすると、結果として周りの先生たちの負担も増します。管理職や同僚が豆田先生の大変さにもう少し耳を傾けていたら、と悔やまれます。

残業削減は必要ですし、個々人のワーク・ライフ・バランスも大切ですが、「自分のことだけさっさと片づけて、周りのことは知らない」という人を増やしては、教職員のあいだの協力・協働は深まりません(実際、残業削減の働きかけが職場の協力関係を希薄にしたという報告は企業等で多くなされています[1])。

◎自分のなかの壁・限界に気づかせる

この緑小では、学年がちがうから、事務職員だからなどと**自分自身で壁や限界を設定する**のではなく、チームとして、授業づくりや学級づくりなどに取り組む姿勢にしていくことが必要となります。

設問⑵の犬伏教頭の立場であったら、なにができる（できた）でしょうか。

一つは、個々の教職員がどのような壁・限界を自分で設定しているのか、気づかせる場をつくることです。そのためには、たとえば、個々の教職員との面談のときに問いかけたり、アドバイスをしたりすること（コーチングとフィードバック）、あるいはこのケーススタディのように、うまくいかなかった例をもとに考えるワークショップ研修を行うことなども効果的です。

「これは自分にはできないな」と限界と感じていること（〝リミッター〟）や、「あのこと（あの人のこと）は自分には関係ないよ」と感じていることを一度とっぱらう働きかけを、教頭等は進めてほしいと思います。

もう一つは、そう堅苦しいものではありません。職場のなかでのコミュニケーションがもっと自然に増えるように、意図的に場をつくっていくことが大切です。たとえば、職員室でちょっとしたカフェスペースをつくって、お菓子を置いてみるというのもよいでしょうし、オススメの本を紹介するポップを職員室に置いてみるということなども面白いでしょう。コラム欄のGoogleの職場づくりも参考になると思います。

コラム

Googleでは、なぜ、食事や果物、菓子がタダなのか

Great Place to Work® Instituteは、世界約50か国以上において、世界共通基準で調査分析を行い、「働きがいのある会社（Great Place to Work®）」を選定しています。2012年から2016年まで4年連続で世界1位となったのが、みなさんも、パソコンやスマホで毎日お世話になっている会社、Googleです。

　もちろん、学校とはちがった業界の巨大企業の話。しかし、人を活かすマネジメントという意味では、実は日本の学校にもヒントになることが多くあるように思います。

　この世界最先端のIT企業には、一部の天才プログラマーが孤独にすごい仕事をしているというステレオタイプなイメージとはちがった社風を感じます。そうした一部の傑出した人材がサービスの開発や業績に大きな影響を与えることもあるのでしょうが、和気あいあいとしたコミュニケーションが好きで、チームでの仕事ぶりを大事にしているようにも見えます。

　実は、この点が示唆される場所が、Googleの社内にあります。いたるところに設置されているマイクロキッチンです。そこではコーヒーや有機栽培の果物、スナック菓子を手に休憩できます。チェス盤やビリヤード台があるところもあります。また、食事も社員と来客にすべて無料で提供されています。

　さすが、儲かっている会社はちがうなあという感想をもたれると思いますが、これは単なる娯楽や気まぐれではないのです。どんな理由があるか、みなさん、思い当たりますか？

＊

　一つは、社員の健康増進とリフレッシュのためです。コーラや甘いものばかりで気を紛らわせるより、有機栽培の果物のほうがよいでしょう。

　もう一つは、コミュニケーションを活性化し、イノベーティブなアイデアを生むコミュニティにする意図があります。Googleの人事担当上級副社長のラズロ・ボック氏が2015年に書き、翻訳もされている『ワーク・ルールズ！』（東洋経済新報社）という本にはこんな一節があります。

マイクロキッチンは、異なるグループの社員が顔を合わせやすいように配置されている。多くは2つのチームの境界線にあり、折に触れて互いのメンバーが顔を合わせる機会をつくる。少なくとも会話は弾むだろう。そこからこれまで考えもしなかったアイデアが生まれるかもしれない。

さて、学校はどうでしょうか？ いまは長時間労働が深刻化しており、また、様々な勤務形態の方や部活動などもあって、職員室でなかなか顔を合わせないし、じっくり会話をする余裕もない、という声をよく聞きます。

たしかに職員向けに無料で食事を出すことは学校の予算ではできないでしょう。しかし、マイクロキッチンのような、ちょっとした憩いの場をつくってみるというのは一つの手だと思います。実際、職員室のレイアウトを大胆に改造して、お菓子を持ち寄るコミュニティスペースをつくる学校や、児童生徒からは見えないように間仕切りをした上で教職員が一息つける場をつくる学校もあります。

かつては職員室に一つしかないストーブが雑談やちょっとした相談の場でした。今はそういう時代でないのであれば、もっと意図的にコミュニケーションを生み、創造性が刺激される場をつくることを考えるべきではないでしょうか？

このほかにもGoogleがコミュニケーションを大切にしていることがわかる例は多くあります。その一つは、週に一度の金曜夜の全社員ミーティング。数千人が直接、またビデオを通じて参加します。ここでは製品のデモンストレーション、新入社員の歓迎などが行われますが、もっと大切なのは、経営陣に対して、会社の誰からも、どんなテーマについてでも質問できる30分が設けられていることです。オンラインツールで質問について投票や議論ができ、それをもとに質問が選ばれる仕組みになっています。

よく学校では会議が非効率だと言われます。見直しが必要なところもあるでしょう。しかし、会議やちょっとしたコミュニケーションの効果を侮ってはいけません。Googleでは必要な会議とコミュニケーションには非常に大きなコストと手間をかけているのです。

◎起こっている事象だけに注目しても、有効な対策はとれない

このケースでは、豆田先生は、方言をからかわれることで、学級運営に苦心していました。しかし、それは、氷山の一角のようなもので、表面に現れている事象に過ぎないかもしれません。若いということもあってか、子どもたちが舐めてかかっており、教室が学習できる場になっていない、ということも考えられます。

豆田先生自身が振り返り、改善するべき点もあるでしょうが、本人だけでは気づけないことや対応がむずかしいこともあります。学年として、または学校としてどのような働きかけを豆田先生や学級にできるか、話し合うプロセスが本ケースでは弱かったと言えます。

なぜ、豆田先生の学級は荒れていたのか、考えてみたいと思います。広田先生の言うように、この年頃の子にはよくある、思春期だといったことで片づけてしまってよいのでしょうか。実際はさまざまな背景、要因があり、複雑に絡み合っているケースもありますが、可能性の一つとしては、3年生や4年生の時の学習の定着に課題のある子が、5年生の今の授業は十分理解できていない、ということなどもあると思います。

原因なり課題をどこと見るかによって、対策、取組も変わってきます。これはごく当たり前の話なのですが、学校では案外入念な問題分析、課題分析ができていません。たとえば、思春期だからという原因だとしたら、なかなか打つ手はありませんが、3年生、4年生の授業内容がわかってい

【図表3-1】 原因分析の例

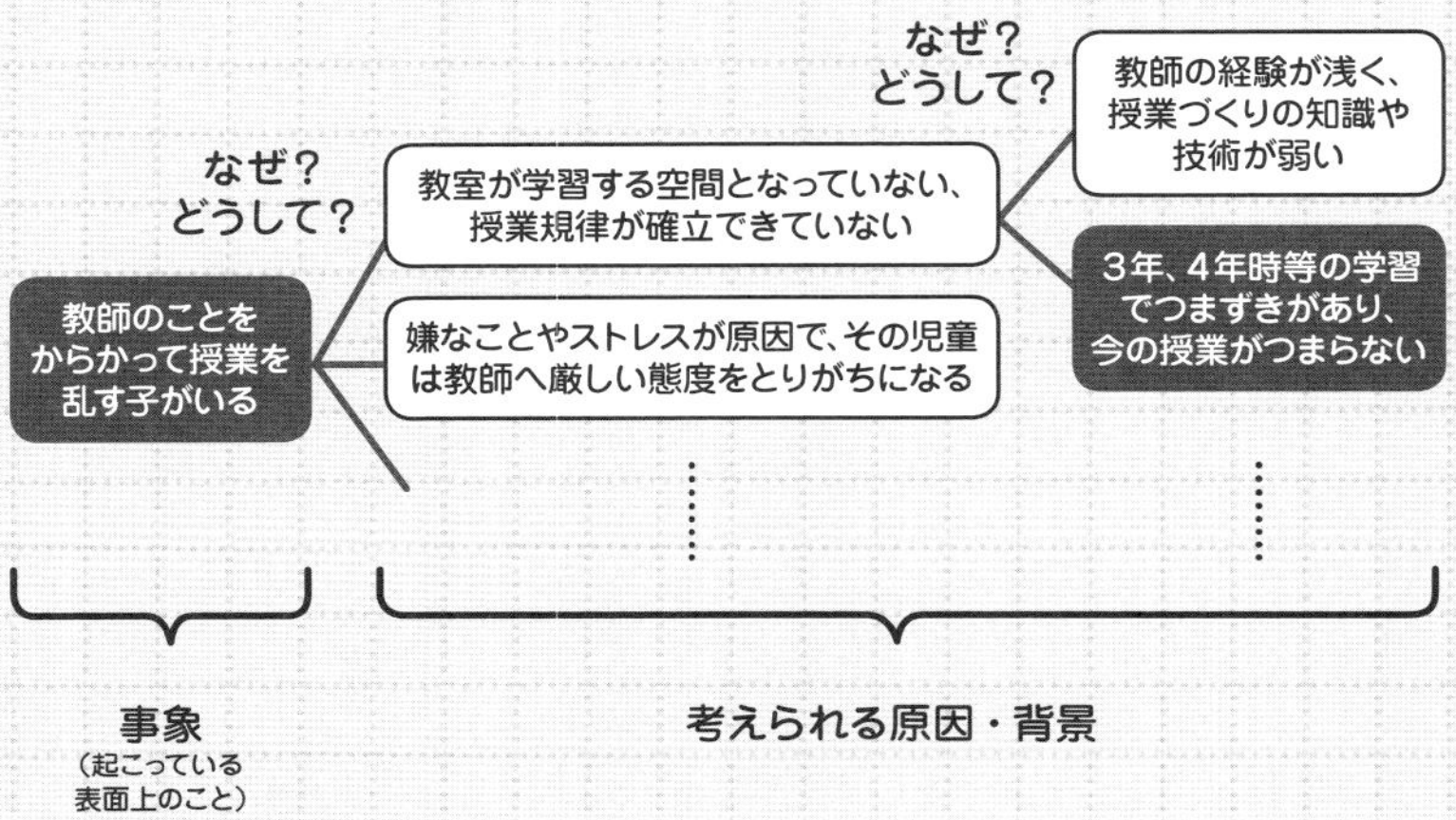

ないから今の授業がつまらないんだ、ということであるならば、チームティーチングの導入や宿題の出し方の工夫、放課後での補習など、いくつか対策が考えられます。

一口に、学年や学校で問題を話し合う、悩んでいることや気づいたことをコミュニケーションすると言っても、図表3-1のように、表面的な事象のみを捉えるのではなく、**「なぜ？」「どうして？」と何度も問い直すことで、本当の原因・背景をつかむ**努力をしたいものです。

トヨタ自動車では、問題となる現象を発見したら、なぜを5回は問いかけると言われています。さすがに5回まではできなくても、2回、3回は少し立ち止まって考えてみましょう。

◎業務改善は、身近なルーティーンの標準化や書類整理から

今回のケースでは、豆田先生は多忙が重なり、燃え尽きる事態になりました。設問⑵、教頭としてどのような学校運営をするべきだったでしょうか。

働き方改革や業務改善ということがよく言われるようになりましたが、これらはなにも特別なことではなく、身近な実践です。たとえば、本ケースのように、分掌の仕事で書類がちゃんと残っていない、そのために一からつくっている、といった話はいくつかの学校で聞いたことがあります（さすがに何もないというケースは稀でしょうが）。

授業や生徒指導をはじめ、子どもの状況に応じた臨機応変さが必要とされ、標準化しにくい仕事が多いのが教師の仕事の特徴ではありますが、毎年行っていることや、似たような書類を前にもつくったというようなことは、記録やマニュアルをもとに、新しい担当者であってもスムーズに進むようにしたいものです。

マニュアルや手順書というと、悪いイメージをもつ方もいるかもしれませんが、しっかり考えて、改善して、その結果を共有し、他の人でもできるように書類にしておくことは重要です。トヨタ自動車では〝カイゼン〟が有名ですが、〝横展開〟も大事にしています。つまり、改善した結果をマニュアルにして他の職場でも展開していくことが習慣として根付いているのです。

◎教材づくりや提出物チェックの効率化も考える

また、本ケースでは自作のプリントを使った授業や日記風の丁寧な宿題指導も行っていました。児童のために工夫した実践であるとはいえ、本当に自分であれもこれもつくる必要があるのか、過去のものや同じ学年集団で共用できるものはないか、真に優先順位の高いことであったのかなどの疑問も浮かびます。

先日、朝日新聞（２０１８年6月10日）でも、ある公立小学校教諭の声として、次のものが紹介されていました。

> 昼に給食をかきこむように食べると、すぐ教室で宿題の丸つけです。「堂々としたいい字だね」などと全員のノートにコメントも書き添えます。「ちゃんと見ているよと伝えたい」。新任の時から続けている「最後のとりでみたいなもの」です。

この記事にあるように、宿題等への丁寧なコメント書きは教師にとって、忙しくても減らすべきではない「最後のとりで」、聖域であり、子どもと向かう大切な時間と見なされているかもしれません。

しかし、本当にこのままでいいのでしょうか。仮に、教師に時間が十分あるなら、また生活にゆとりがあるなら、採点やコメント書きをじっくりやるのもよいと思います。ですが、現実にはその反対です。

過労死してもおかしくないくらいの過酷な状況にあるのだから、なるべく授業中に行って、事後の採点やコメント書きは減らすとともに、採点作業等を教師以外にやってもらえるなら、任せるという発想をしてよいと思います。具体的には、スクール・サポート・スタッフや支援員、外注先ですが、既に現状の技術でも、コンピュータやＡＩが支援・代替できるものも増えてきています。

教員にとって優先順位が高いのは、採点やコメント書きではなく、採点された結果を見て、多少の考察と分析を行い、次の授業等に活かしていくということのほうです。長時間労働で作業に埋もれ、そうしたクリエイティブに思考できる時間が取れていないとすれば、それこそ、「最後のとりで」が危なくなっている、と言えるのではないでしょうか。

校内外の研修や授業研究なども、働き方改革の視点をもっと採り入れるべきです。先日、中教審でも、わたしはこんな発言をしました。「研究指定校や大学附属学校などで、素晴らしい公開授業をなさる。それは結構ですが、授業者が**睡眠時間を大幅に削って発表したことが、本当にモデルとなるのでしょうか？**」

もう一つ身近な例を。ある中学校では、それまで定期テストの試験監督は常勤職員で対応していましたが、非常勤講師の先生でも対応できるようにしました（関連する教育委員会の規定も見直したそうです）。こうすることで、空いた時間を正規の教諭は授業準備等に充てることができるようになりましたし、講師にとっても多少の収入増になるなど、お互いにメリットのあるものとなりました。

もちろん、以上のような身近な業務改善の実践だけで、本ケースのようなバーンアウトや健康不調をすべて予防できるというものではありません。しかし、個業化しがちな教師に声をかける、ケアをするということに加えて、仕事を減らすという努力もしないといけないと思います。次節でも本ケースと関連の深い検討を続けます。

2 教師の過労死を二度と起こさないために

《ケースのねらい・背景》

先ほどの豆田先生のケースは、実際のいくつかの話を組み合わせて、一部フィクションを入れたものです。しかし、現実に過労により倒れたり、精神疾患等に苦しむ教師はあとを絶ちません。次のケースは実際の過労死の事案から、**教師の「働き方」、そしてより正確に言えば、「生き方」について考えたい**と思います。

【ケースNo.010：熱血教師の過労死】(2)

2011年6月6日（月）午前1時頃、堺市立中学校に勤務する26歳の教師、前田大仁《ひろひと》さんが一人暮らしの自宅ア

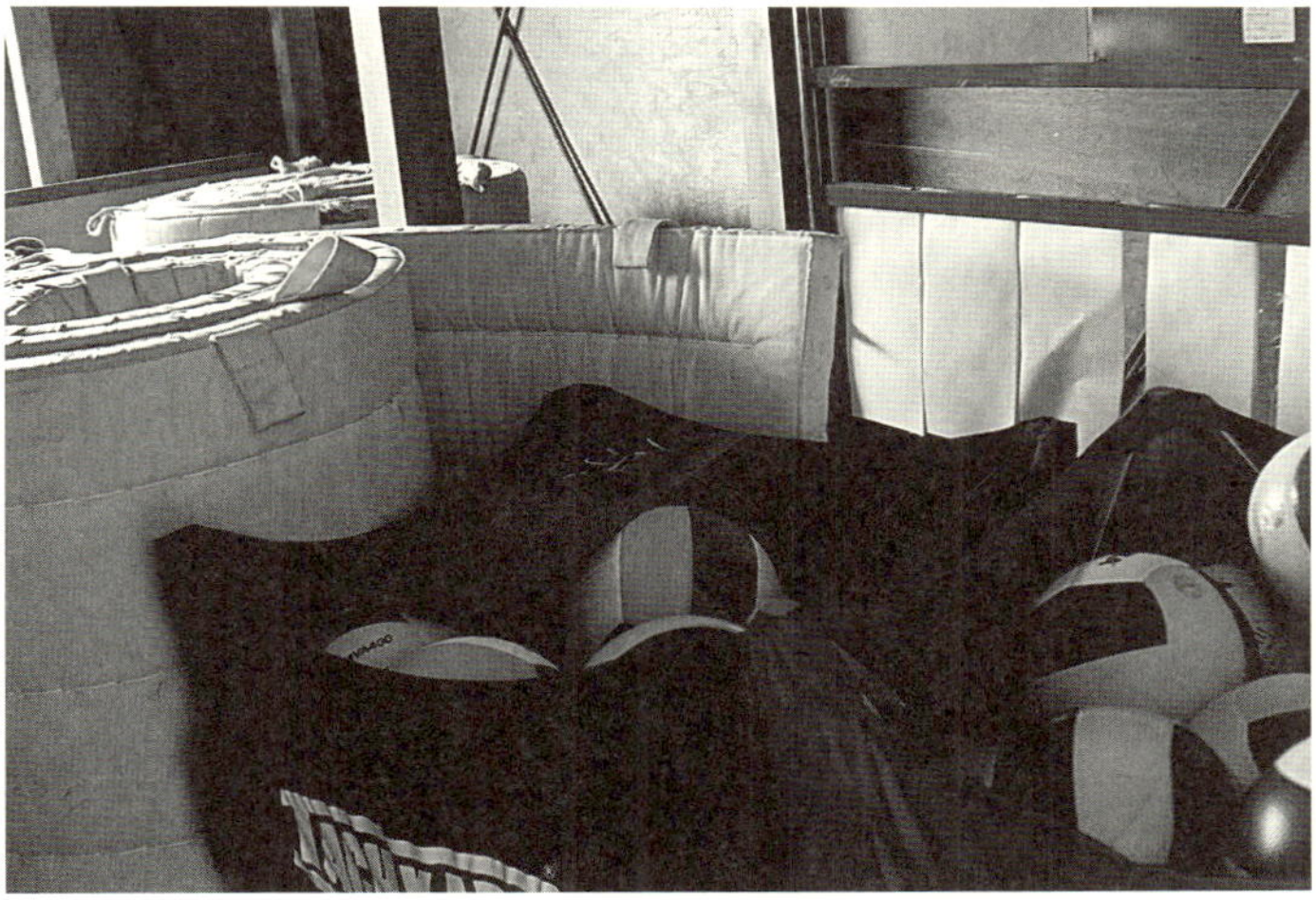

パートで突然亡くなった。虚血性心疾患だった。前田さんは「熱血先生」と慕われていた。「出会えてよかったと思ってもらえる教員になりたい」。亡くなる直前の春、前田さんは、堺市教委の教員募集ポスターやパンフレットに取り上げられ、思いを語っていた。

前田さんは2年目で、2年1組のクラス担任ならびにバレー部の顧問を務めていた。理科の教科担当としてプリント等を作成するなど熱心に授業準備を行うとともに、学級通信をほぼ毎週発行していた。

発症前6か月間の時間外勤務は月60～70時間前後と過労死認定基準に満たない時間しか認めらなかったものの、「相当程度の自宅作業を行っていたことが推認される」として、地方公務員災害補償基金は２０１４年に公務上の過労死として認定した。

教育方法などを相談されていた姉は「弟は熱血教師だった。使命感と責任感が強かったため、担任と顧問の両方を任されたのかも知れないが、わずか2年目の未熟な教師でもあったと思う。学校全体でサポートしてもらえていたら、死を避けられたかもしれない」と話す。

前田さんの死後、授業のプリントや「学級通信」が家族に戻された。プリントには写真や自筆のイラストをふんだんに盛り込んでいた。「温かみが伝わる」と前田さんは手書きにこだわっていたという。前田さんにはテニス経験はあるが、バレーの経験はなかった。テニス部への顧問替えも望んだが実現せず、バレー部員に的確な指導をしたいと専門書を読み込み、休日にはバレー教室に通っていたという。約20人のバレー部員と交わしていた「クラブノート」には、励ましや助言の言葉がびっしり。前田さんはこうした作業を主に自宅でしていたとみられる。

ノートの最後のページには、前田さん急死の知らせに接した部員たちの悲痛な言葉が記されている。「何で先生なんですか？　何でよりによって先生なんですか？　○○（名前）たちが先生に無理させていたんですか？　めっちゃ謝るし、これからの練習もめっちゃ真面目にするんで、戻ってきて下さいよ！」

【問い】

(1)あなたの周りにも、前田先生のような、生徒のためにたいへん熱心な先生はいないでしょうか。

(2)このような過労死を二度と起こさないために、あなたは、そしてあなたの学校では、どのようなことに留意し、行動していきたいと思いますか。

《解説》

◎多くの教員が過労死ラインを超える、働き過ぎ

文部科学省「教員勤務実態調査」（２０１６年実施）によると、小学校教員の33・5％、中学校教員の57・7％が週60時間以上勤務、つまり月80時間以上の時間外労働である、過労死ラインを超

えた状態である、と推定されます。ただし、これは学校のなかでの勤務時間だけです。平均的な自宅残業の時間も加えて推計すると、過労死ライン超えの比率は**小学校57・8％、中学校74・1％**にも上ります。

教師が過酷な労働実態にあることは、全国各地の教育委員会等がここ2〜3年のうちに実施している調査からも明らかです。たとえば、京都府が２０１７年10月に実施した調査によると、週60時間以上勤務する、過労死ラインを超えている可能性のある教員の割合は、小学校で52・4％、中学校で72・0％に上りました（土日勤務を含む、ただし自宅残業は含まない）。同割合は高校で38％、特別支援学校では31％です。[3]

また、愛知教育大学等の『教員の仕事と意識に関する調査』（２０１５年実施）においても、1日（授業がある日）の労働時間が11時間以上の人は小学校64・8％、中学校75・0％、高校54・3％です。これに自宅残業（平均して40〜60分）や休日の仕事（平均して1〜2時間）も加わりますから、平日学校で11時間以上勤務の人は、おおよそ月平均１００時間近く残業している計算です。[4]

こうした数字を見せても、学校の校長や教員はあまり驚かないことが少なくありません。「うちの学校でもそれくらいやっている」、「わたしが若い頃はもっと大変だった」といった反応の人もいます。しかし、**5〜7割の教員は過労死してもおかしくない過重労働のなかにいる、というのは異常な職場**です。

◎ほとんどの教員は自身の働く時間を把握、記録できていない

前田大仁さんのような熱心に長時間働く先生は、あなたの身近にもいることと思います。しかし、**ほとんどの教員は、自身が働き過ぎている状態にあることを知りません**。いわば、残業は当たり前の職場で、働き過ぎの自覚が起こりにくい職場にいます。

文部科学省によると、タイムカード等の導入により勤務時間の管理を行っている教育委員会は、都道府県では12・8％、政令市では40・0％、市区町村では8・1％に過ぎません（「平成29年度教育委員会における学校の業務改善のための取組状況調査結果（速報値）」）。また、国の教員勤務実態調査（2016年）でも、教員の退勤時刻の管理について「タイムカードなどで退勤の時刻を記録している」と回答した学校は小学校で10・3％、中学校で13・3％しかありません。約6割の多数派は、報告や管理職による〝点呼、目視等〟です。

〝点呼、目視〟などと言っても、校長が早く帰った日や出張のときはどうしているのでしょうか？　この6割の学校の多くは、おそらく、退勤管理はかなりテキトー、なおざりであると推測されます。また、連合総研の2015年の調査によると、「出・退勤時刻の把握は行っていない」、「出勤簿への捺印により」、「把握しているかどうかわからない」といった回答が多く、これらを合わせると、小中学校とも8割近くに上ります。

長時間労働や教師の健康被害が大きな問題であるにもかかわらず、**勤務時間の把握すらできてい**

ないところが多いことは、驚きであり、「学校の常識は、世間の非常識」です。中教審でも「出退勤の確認を目視でしているとありましたが、これは民間の職場から考えた場合、普通の状況ではないという理解から共通にした方が良いと思います。」とトヨタ自動車出身の相原委員は述べています（学校における働き方改革特別部会（第1回）議事録、2017年7月11日開催）。

実際に民間と比較してみましょう（次ページの図表3-2）。都内の事業所の実態調査が公表されていました。全国を代表するわけではありませんが、参考にはなります。

こうして比較するとよくわかりますが、都内の事業所では、タイムカード、ICカード等の客観的な記録を活用しているのが約6割、上司の確認というところは1割です。ちょうど、小中学校の状況と対照的（正反対）です。

「たかがタイムカード、されどタイムカード」です。教育委員会や学校の長時間労働への向き合いは、まだまだお寒い状況である、と言わざるを得ません。

◎部活動も、授業準備も、校務分掌や学年事務も熱心

もう一つデータを紹介しましょう。

109ページの図表3-3は、OECD・TALIS 2013の日本の中学校教師のローデータをもとにクロス集計しました(5)（明らかな特異値は集計外としています）。1週間の総労働時間でグループ分けした結果です。

【図表3-2】　小学校の退勤管理の状況と、都内の事業所における労働時間管理の方法

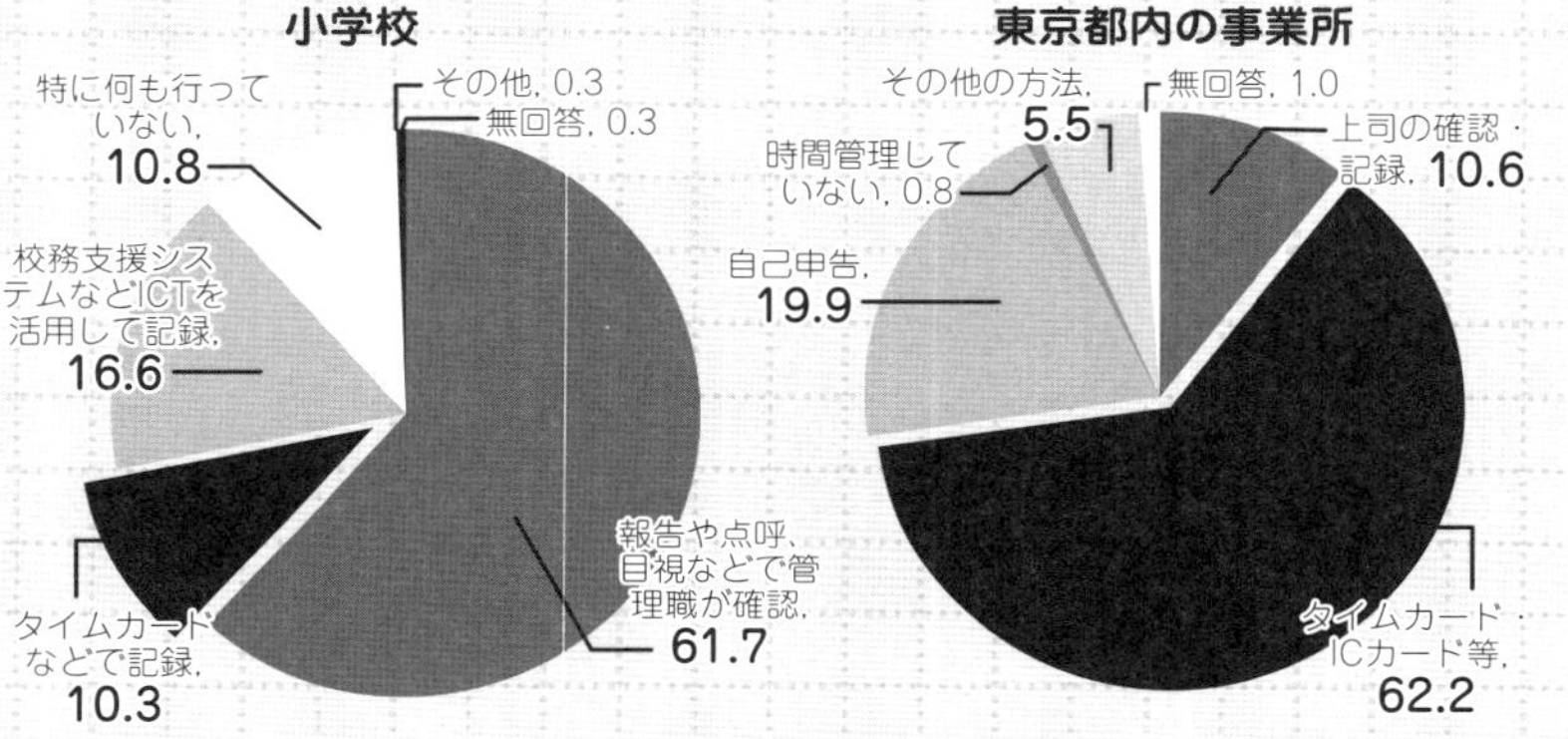

出所）小学校については文部科学省「教員勤務実態調査（2016年実施）」
都内事業所については東京都「労働時間管理に関する実態調査」（2016年実施）をもとに作成（対象は都内の常用従業者規模 30 人以上の 3,000 事業所、回答数838）

最初にわかるのは、週60時間を超える人が多い、ということです。週60時間労働と言うと、過労死ラインの残業月80時間を超える水準です。

非常勤講師等で短時間勤務の方もいますので、ここでは、週30時間以上働いている常勤の教師を対象に集計すると、週30時間以上40時間未満の人（つまり、ほぼ定時前後で帰れている人）が４・０％、40時間以上60時間未満の人が41・５％、60時間以上75時間未満の人が42・０％、75時間以上が12・５％でした。先に紹介した愛知教育大学等の調査（２０１５年実施）ともおおむね整合的な結果です。

先生たちのカラダ（健康）は大丈夫だろうか、心配になる結果です。

また、「長時間労働グループの教師ほど、課外活動の時間も長い」ということもわかりました。授業時間や保護者対応などはそう大きな差

【図表3-3】 日本の中学校教員の1週間の労働時間、内訳 （単位：時間、総労働時間別結果）

	仕事時間の合計	指導（授業）	授業の計画や準備	学校内での同僚との共同作業や話し合い	生徒の課題の採点や添削	生徒に対する教育相談	学校運営業務	一般的事務業務	保護者との連絡や連携	課外活動の指導	その他の業務
週30時間以上40時間未満（n=120）	33.1	16.9	5.4	2.4	3.6	1.6	1.4	2.9	1.0	5.7	0.8
週40時間以上60時間未満（n=1,233）	49.7	17.9	7.7	3.4	4.0	2.3	2.4	4.5	1.1	5.6	1.7
週60時間以上75時間未満（n=1,249）	64.3	18.3	9.6	4.4	5.1	3.1	3.4	6.4	1.4	8.7	2.9
週75時間以上（n=372）	81.2	19.2	11.0	5.3	5.8	4.5	4.3	8.5	1.9	13.3	4.5
（日本全体の平均）	**53.9**	**17.7**	**8.7**	**3.9**	**4.6**	**2.7**	**3.0**	**5.5**	**1.3**	**7.7**	**2.9**
（調査参加国全体の平均）	**38.3**	**19.3**	**7.1**	**2.9**	**4.9**	**2.2**	**1.6**	**2.9**	**1.6**	**2.1**	**2.0**

出所）「OECD国際教員指導環境調査」（TALIS）2013をもとに作成。

はありません。比較的差が大きいのは、表の中で色付けした、課外活動、授業の計画や準備、一般的事務業務の三つです。

　課外活動には、教育課程外の補習なども含まれますが、多くの時間は部活動が占めると考えて間ちがいはないでしょう。週60時間以上75時間未満の人は授業準備に匹敵するくらいの時間を、週75時間以上の人は授業準備より多くの時間を部活等に割いています。

　2016年の教員勤務実態調査でも、部活動の指導日が長い人ほど平日も休日も学内勤務時間が長い傾向にあることが明らかとなっています。顧問をしていない先生と比べて、7日間毎日部活指導をしている先生は、平日は1時間近く差がありますし、土日にいたっては1日に4時間以上の差となっています。部活だけを槍玉に上げたいわけではありませんが、やはり部活は大きな課題の一つだということです。なお、運動部だけでなく、吹奏楽部など一部の文化部も相当大きな時間負担がかかっていることがデータからも確認できます。

もう一つ重要なことがわかります。週60時間以上働いている教師の多くは、授業準備にもほかの教師と比べて多くの時間を割いている傾向があります。加えて、週60時間以上の人には、事務業務の時間も相当あります。また、色付けしていませんが、課題の添削・採点も、長時間労働の人ほど多くの時間を使っています。

以上のことから示唆されるのは、**「過労死ラインを超えるくらいの長時間労働をしている教師は、部活も、授業準備も、校務分掌や学年事務も熱心にやっている」**ということです。(6)

前田大仁さんは、プリントを用意するなど授業準備にも熱心で、部活動の指導も大変一生懸命でした。こうした先生が多いということをTALISのデータは語っているように思います。

◎昔はもっと教師に余裕があった

学校の多忙は、今に始まった問題ではありませんが、国の教員勤務実態調査のデータがある、1966年、2006年、2016年の3時点を見ても、明らかに長時間労働には拍車がかかっています。以前より、いまははるかにICT等は整備され、便利になったにもかかわらず。

1950〜60年代ならびに2000年代以降に国や都道府県、教職員組合が公立小中学校教諭を対象に実施した14の労働時間調査を分析した神林寿幸氏の研究成果によると、次のことがデータ上検証されています（『公立小・中学校教員の業務負担』）。
●1950～60年代と比べて2000年代後半のほうが、小中学校教諭の労働時間は長い。
●事務処理に費やす時間は同程度であるが、生徒指導や課外活動（部活動等）に費やす時間が、1950～60年代と比べて2000年代後半には増えている。

もちろん、個々の教師ごとの差はあるでしょうが、全体的な傾向からすると、上記のことがわかりました。ところで、文科省や教育委員会等は、学校の多忙を改善して、教師が「子どもと向き合う時間」を確保しようと、これまで呼びかけてきました。しかし、現実には、**生徒指導や部活指導などで「子どもと向き合ってきた」結果、多忙になり、かつ長時間労働が解消されにくくなっているのです。**

◎いまの働き方、生き方でよいのか、少し立ち止まって考えてほしい

ケースに戻ります。前田大仁さんの若すぎる死がわたしたちに残す教訓は、何でしょうか。非常に重く、多くの教訓があると思いますが、一つは、子どものためにと思って一生懸命な先生が、自身の健康を蝕むほどの長時間労働を自ら進んでしてしまうことです。これは二つに問題を分解して考えます。

第一に、児童・生徒からも、保護者からも、上司や同僚からも、そして世間からも、献身的な教師が〝よい先生〟とされていることです。

校長や教育委員会は、「遅くまで残る人が熱心でよい先生という従来の価値観を見直したい」、と宣言していくべきだと思います。

第二に、教師自身の価値観や人生観の問題です。言い換えると、**「ほとんど学校での生活に大半の時間をかける、家には帰って寝るだけ、趣味はほとんどない、そうした生き方でよいでしょうか？」**という問いです。

これは、人それぞれの考え方があると思います。特定の価値観を押し付けたいわけではありませんが、なるべく幅広い経験を積んだほうが、視野が広くなることも多いように思います。つまり、長時間労働のままでは、教師としての学びや自己研鑽が狭く、少なくなってしまいます。

◎「若いうちはがむしゃらに働け」は正しいか

ところで、「若いうちはがむしゃらにやってみるべきだ」とか「一度は地獄を味わうような経験をしておいたほうがよい。一皮むける経験（自分を大きく成長させるターニングポイント）になる」という言葉、聞いたことはありませんか？　わたしが前職のシンクタンクにいたときもたびたび聞きましたし、著名な企業経営者のなかにもそう言う人は結構います。

しかし、こうした根性論には三つの問題があります。一つ目は、**健康を害してしまっては元も子もない**ということ。

二つ目は、**「生存バイアス」**がかかっているという問題です。学校や教育委員会であれ、企業等であれ、トップや管理職にまで登っている人は、ハードワークを乗り越えられてきた人です。本人の努力や体力の影響もあったでしょうし、周囲の理解・協力（特に家事・育児をパートナーや親がかなり担ってきた等）もあったのでしょう。しかし、そういう生き残ってきた人たちだけ見ても、全体は見えません。途中で脱落した人やちがう道を歩んだ人の声が届かないからです。このように「生存バイアス」とは生き残ったものだけ見ることで、誤った現状認識や判断をしてしまうことを指します。本書冒頭で紹介した東大合格した本のアヤシサも、生存バイアスの問題です。

三つ目は、長時間労働にはある種の陶酔、麻薬のようなものがあるということです。脳は**疲れると、快感を伝えるホルモンを出す**ので、長時間労働では、実際は生産性が落ちていたとしても、脳は仕事をした〝気〟にさせてしまう影響があると言われています。(7)

みなさんも忙しい日々だとは思いますが、5分、10分でかまいません。いまの働き方、生き方で本当によいのか、少し立ち止まって考えてみませんか？

◎〝時間対効果〟を意識した働き方

ケースの設問⑵「このような過労死を二度と起こさないために、あなたは、そしてあなたの学校では、どのようなことに留意し、行動していきたいと思いますか」に戻ります。

まずは、教師一人ひとりが、今のままの長時間労働でいいのだろうか、と振り返ることが大切です。そして、「時間をかければかけるだけよい」と考えるのではなく、限られた時間で一定の成果を出すという**生産性**（わたしは**〝時間対効果〟**と表現したほうが教職員にはわかりやすいと思います）の視点をもって仕事を進める必要があります。

つまり、こういうことです。教職員が行っていることの多くは、なんらかの教育効果はあります。子どものためになることばかりです。しかし、効果だけ見るのでは十分ではありません。かけた労力や時間も見ていく必要があります。「教育効果／時間」という割り算で考えることが生産性であり、時間対効果です。

たとえば、丁寧な学級通信を出す、これによる効果が仮に60だとしましょう（そもそも学級通信の効果測定自体がすごく難しいのですが、その問題はいったん置いておきます）。A先生は60分かけました。この場合、時間対効果は「60／60＝1」です。

B先生はA先生ほど丁寧につくる余裕はありませんでした。しかし、写真などを使ってそこそこのものは完成しました。効果は40でしたが、30分で終えました。この場合、時間対効果は「40／30＝約1・3」です。B先生のほうが、時間あたりのパフォーマンス、生産性は高いという評価となります。

もちろん、授業の質を高めていくこと、あるいは子どもの悩み相談にのってあげることなどの評価は、このように単純にはいきません。生産性が低くても、よいものにしていく必要がある場面も学校にはあります。しかし、24時間は限られています。仮にA先生はほかにやることはあまりない、ヒマであったら、学級通信に60分かけてもよいかもしれません。しかし、現実にはそういう先生はおらず、ほかにも授業準備や生徒指導、校務分掌の仕事、自己研鑽などたくさんあるのです。ならば、時間対効果を上げていく努力も必要です。

◎Why タイムカード?

しかし、個人の努力や仕事の仕方改革に頼るだけでは十分ではありません。同時に大切なのは、**学校や教育委員会等が組織として、しっかり過労死防止に動いていくこと**です。

具体的にはなにをするべきでしょうか。これさえすればOKなどという魔法の杖はありませんが(あれば誰も苦労していません)、いくつか必要なことはあります。

少し前にタイムカードの話をしました。勤務実態を教職員が個人としても、教育委員会や学校が組織としても、きっちり把握しておくことは第一歩です。中教審でも、2017年8月に「学校における働き方改革に係る緊急提言」を出し、「ICTやタイムカードなど勤務時間を客観的に把握し、集計するシステムが直ちに構築されるよう努めること」などについて訴えました。

本来は、この程度のことは国が言わなくても、やっていて当然のことです。いくら公立学校の教員には時間外勤務手当が出ない制度であるといっても。

とはいえ、学校現場には、まだまだこんな反応もあります。

●なんで忙しいのに面倒な作業を増やすのか?

●タイムカードなんて入れても意味はない。押したあと、残業をいくらでもできるのだから。

なぜタイムカード等による管理が必要、重要なのでしょうか。この点がきちんと共有されていないと、労務管理や働き方改革は、すぐに形骸化してしまうでしょう。三つの理由があります。

◆理由1：義務である

第一に、緊急提言でも「勤務時間管理は、労働法制上、校長や服務監督権者である教育委員会に求められている責務である」と書かれているとおりです。厚労省からも「労働時間の適正な把握のために使用者が講ずべき措置に関するガイドライン（２０１７年1月20日策定）」というのが出ています。わずか4ページなので、ぜひご一読ください。ガイドラインにあるとおり、使用者（例：市立学校ではあれば、市教委や校長）が常にすべての教職員の帰りを現認できるわけではないので（校長がいない時もありますよね）、「タイムカード、ＩＣカード、パソコンの使用時間の記録等の客観的な記録を基礎として確認し、適正に記録すること」が原則です。

◆理由2：振り返りのため

二つ目の理由は、働き方改革や業務改善を進めるためには、現状をしっかり把握して、反省する必要があるからです。教員の大好きな言葉、〝リフレクション〟は授業だけではありません。自身の働き方にも必要です。

たとえば、学校でテストを一度もしないで、学力向上の有効な手立てを立案できるでしょうか？

あるいは、**体重計にのらずに、ダイエットしようとする人がいるでしょうか？** 正確な記録と振り返りがないとは、そういうことと同じです。

たしかに、タイムカード等を導入したからといって、劇的に勤務時間の削減になるとは限りません。実際、連合総研の2015年の調査によると、タイムカード等の機器で出退勤時刻管理を行っているという教員と、そうでないという教員との間で、週の労働時間に有意な差は確認されませんでした。

これは、体重計にのったからといって、ダイエットに成功するとは限らない、のと同じです。時間の把握だけでは、仕事を減らすことにはならないのですから。ですが、同時に言えることは、時間の把握もないままでは、今が危機的なのか、何を見直すべきかなども見えてこないということです。

◆理由3：自分と家族を守るため

三つ目の理由として、仮に病気や、最悪、**過労死等となった場合、公務災害（私立学校等の場合、労災）として認められるかどうかという点で、勤務時間の記録がないと不利**になります。裁判になって何年も闘って勝てるかどうかという事案も多いのは、正確な記録がないためです。記録がないと、遺族の方には、教材や文書などの成果物を集めたり、関係者から証言をとったりする苦労がものすごくかかってしまい、そのせいもあって、公務災害の訴えを断念する（いわゆる泣き寝入りする）例も多いと推察されます。

本ケースの前田先生の場合は比較的短期間で過労死を認められたケースと言えると思います（た

だし、本件でも遺族の方は、教材や学級通信等の成果物を集めるなど、大変なつらい思いをなさったことと推察します）。

以上3点から、教職員の勤務実態の記録と把握、それも正確なものは必須だとご理解いただけたと思います。残業代が出ないからといって、過少申告などが横行する運用も避けなければいけません。そして、正確な記録をもとに、本当に今のままの働き方でいいのか、何か改善できることはないかを、ぜひ学校や教育委員会で議論する場をもってほしいと思います。

◎ストレスチェック、部活動手当、学校評価など、既存データこそ活用せよ

実は、学校には勤務時間というデータのほかにも、**もっと過労死防止や働き方改革に活用されてよいデータがたくさん眠っています。**

一つは、ストレスチェックのデータです。２０１５年12月から労働安全衛生法の改正が施行され、学校でも実施されているところは多いと思います。あなたの職場はどうでしょうか。個人に結果を返すだけでなく、職場改善、学校改善にも活かしているでしょうか。

二つ目は、部活動手当に関連することです。自治体等によっても異なりますが、土日何時間以上部活動指導に当たると、特殊勤務手当を出すところは多いです。校長や教頭、あるいは学校事務職員は、こうした手当の手続きを通じて、「この先生は、今月土日ずっと出ずっぱりで休めていないな」などと気づくことができるはず。ですが、あとで述べるように、部活動の過熱化を鎮めるよう

な働きかけをできていない学校は多いようです。

三つ目は、学校評価での自己評価で教職員アンケート等を取る学校は非常に多いと思います。新たにアンケートの実施回数を増やさなくても、学校評価アンケートのついでに、自由記入欄を設けて、ストレスや悩み、学校運営の改善点などがあれば書いてください、とすればよいのです。

四つ目は、人事評価などの面談での情報です。校長または教頭は、すべての教職員と年間二度や三度は人事面談の関係で15~30分程度、話をしています。もちろん、日常的に声がけをすればよいのですが、こういうフォーマルな場でも、疲労が蓄積していないかなどの情報を引き出すことができると思います。

五つ目は、養護教諭や学校事務職員、スクールカウンセラーらがもつ情報を管理職は活かすことです。彼女たちのなかには、管理職に直接は言いにくい情報をもっていることがあります。

これら以外もあるでしょうが、既にあるデータから見えてくる勤務実態や教職員の声も多いと思います。

しかしながら、勤務時間の把握にせよ、ストレスチェック等のデータの活用にせよ、現状把握を丁寧に行うだけでは、過労死防止にはなりません。業務量の削減に向けて動くことや、日常的な声かけ、協力関係づくりなども必要です。

もちろん、国等による支援や環境整備ももっと必要でしょう(教職員定数の改善、スクールサポートスタッフや部活動指導員の配置など)。しかし、財源が限られているなか、国等による支援ばかりに期待するのも危ういと思います。国等も頑張らないといけませんが、学校が自らできる働き方改革、業務改善も進めていく必要があります。具体的にそれはどんなものなのか、次節でも考えていきます。

3 半径3メートルからの業務改善・働き方改革

《ケースのねらい・背景》

働き方改革、業務改善、長時間労働の是正、言葉はなんでもかまいませんが、今の学校現場に最も必要なことの一つだと思います。しかし、何をどこからやっていけばよいのか、悩まれている学校も多いのが実情です。

今回のケースでは、身近なところから始められることを確認し、自身の学校でのこれまでの取組を振り返るワークを用意しました。

【ケース№011：業務改善ってなに？】

次はある若手教員と中堅教員との会話です。

斎藤先生：この頃「学校はブラックだ」、「先生は忙しすぎる」って、よく言われるようになりましたよね。たしかに、この忙しいのは何とかしてほしいけど、周りの先生たちはみんな一生懸命やってるし、これ以上どうしろと言うの!? って思っちゃいますよ。

田中先生：そうね、わたしたちだって、そんな無駄なことばかりやっているわけじゃないしね。そういえば、こんど業務改善をテーマにした研修会があるみたいよ。

斎藤先生：そんな、ちょっとやそっとの研修で身につくくらいなら、とっくの昔に改善できてるでしょ? って感じ。だいたい業務改善ってなんなんですか?

田中先生：イメージしやすいのは、会議を短くすることかな。キチキチ最初から全部説明しなくていい、フォルダにあげたり、イントラで回覧したりで済むなら、そうするとかね。

斎藤先生：ぼくは採用される前は民間企業だったから、学校の会議にはちょっと驚きましたよ。これメールで共有すればいいじゃん、ってのがけっこう多くて。まあ会社でメールが膨大になるのも考えものだったけど。

田中先生：うちの市ではパソコン配備やインターネット環境は遅かったしね。斎藤先生のように、学校のやり方に染まっていない視点って大事だと思うわ。長くいると、これがフツーとか、なんでも丁寧・一生懸命にやらないとって、思ってしまうし。わたしは、子どもを産んで、育児が始まってからかな。保育園に迎えに行けるようにって思うと、案外いろいろ見直せるものがあった。なんか、それ以前は、ぜーんぶ重要なことに見えてた。

斎藤先生：自分の仕事を見直す、って大切だと思うんですけど、一人ひとりができることには限界があるじゃないですか。やっぱ管理職の理解がないとなー。ぼく、実は前任校のときに、「あゆみ（通知表）をもっと簡素化できないんですか？」って聞いたことがあるんです。そしたら校長は「おれは今年限り（で定年）だし」って感じで、あれが心配、これと調整しないと、とかばっかり言うんですよ。

田中先生：今まで続いてきたことはそれなりの理由があるわけだし、むげには否定できないわね。とはいえ、今までのやり方で本当によかったのか、もっとほかの方法はないのか、その時間を別のところに使うべきではないのか、という検討は必要だと思う。あゆみは、所見欄をもっと簡単にできると、ずいぶん助かるし、その子の課題は保護者面談などで丁寧に説明すればいいことなんだし、こんど教務部や他の先生たちと掛け合って、管理職に提案してみましょうよ。

斎藤先生：田中先生が味方になってもらえると力強いです。さっき先生もおっしゃってましたけど、なんでも丁寧・一生懸命、忙しいが美徳みたいなところは、どうかと思いますね。

田中先生：それは学校、教師のよさでもあり、大きな課題でもあると思う。わたしは、娘を寝かしつけた後、提出物の丸付けをするときなんて、わたしが寝ている間にやってくれる小人さんがいるといいのに、って思ったもの。

斎藤先生：そういえば、補習を大学生がサポートするＮＰＯの方と先日会いました。ちょっと相談してみようかな。すぐ児童の個人情報が心配とか、できない理由を言う人がいますが、なにかできることはありそうな気がします。

田中先生：それはとってもいいアイデア。できることから始めてみましょう。

【問い】

(1)斎藤先生と田中先生の会話をヒントに、あなたの学校では学校改善・業務改善として、どのようなことを実施したいですか。なるべくたくさんのアイデアを出しましょう。

(例)

▲部活動の見直し（→漠としすぎている）　○部活動での休養日の設定

(2)(1)で出した学校改善・業務改善のアイデアについて、あなたの学校でこれまでできなかったのは、なぜでしょうか。なるべく具体的に理由を考えてください。

(例)

▲校長の理解不足　○保身的な校長の姿勢で新しいことが認められない

《解説》

◎なぜ、いつまでも学校の多忙は解消されないのか

みなさん、問い(1)については、けっこうアイデアは出たのではないかと思います。ケースでは業務改善として、会議の効率化や書類・情報の整理、通知表などの見直し、補習のサポートなどが話

題に上がっていますが、これら以外にもいろいろなことがあると思います。たとえば、校内研修の見直し、教材等の共有化、行事の精選、校務支援システムなどＩＣＴの活用、給食費や学校徴収金（学年費などの保護者負担金）のあり方と徴収方法の見直しなどが話題に上ったかもしれません。

今回のテーマについて２～３人ペアでアイデアを出し合うワークをある研修会で行ったところ、わずか数分のうちに１グループにつき五つ以上出るところがかなりありました。

アイデアがたくさん出ること自体はよいことなのですが、わたしがみなさんに問いかけたいのは、**「数分で出るようなアイデアを、なぜこれまで実現できなかったのか」**という点です。この問題意識で問い⑵をつくりました。

業務改善のアイデアが実現できていない理由、背景として、たとえば、次のようなことが考えられます。

・校長等管理職の理解、意識が足りない。
・教職員が目の前のことに忙しすぎて、改善について話し合ったりする暇もない。
・アイデアを思いついても、忙しい毎日の中でいつの間にか後回しになっている。
・見直したいのはやまやまだけど、これまでやってきたことを変更するのには骨が折れるし、そういう時間も労力もない。

これら以外の背景もあるでしょうが、おおむね背景には共通点があります。ここでも、「なぜ？」「どうして？」と何度か問うと見えてきます。

真の問題の一つは、「業務改善のアイデアはあっても、それを実行するほど高い優先順位にならない」ということではないでしょうか。つまり「日々の業務で手一杯で、見直しが進まない、だからまた忙しくなる」という悪循環にはまっている可能性が高いのです。

働き方改革や業務改善の優先順位が高くないとすれば、それはなぜでしょうか。

「仕事は重要度と緊急度によって優先順位付けしなさい」ということがよく言われます。授業の準備や問題行動への対応、保護者からの急な依頼などは「重要度も緊急度も高い」ものとして認識されるのですが、業務改善等のアイデアの多くは、「重要なものもあるが、緊急度は低い」と捉えられると思います。

この「重要度は高く、緊急度は低い」ことはついつい後回しになったり、いつの間にか教職員の中で重要度が低く認識されるようになっていたりしますから、注意が必要です。業務改善に限らず、おそらく同じカテゴリーに入ってくる自己研鑽なども同様でしょう。

あるビジネス書では、緊急事項のことを〝竜巻〟と表現していました。[8] 学校に限りませんし、わたし自身もそうですが、多くの人は竜巻に追われる日々のなか、重要だけれど、緊急性は低いものは実行できないでいるのです。目先のことに一杯一杯になっていたのではないか、と振り返ることが第一歩だと思います。

◎業務改善がなぜ重要なのかの意味づけが大事

ついつい後回しになりがちな業務改善。この優先順位を上げていくには、なぜ業務改善や働き方改革が必要なのか、あるいは、長時間労働のままでは何がまずいのかについて、教職員の理解と納得感を高めていくことが重要です。

わたしは、少なくとも次の6点で長時間労働には弊害が大きいと考えています[(9)]（図表3-4）。

①の心身ともに疲れるという点については、前節で考察したように、**過労死や過労自殺をもうこれ以上生まないようにするため**に、非常に重く考えておかなければならないことだと思います。

みなさん自身や同僚のなかには、自らの意思で進んで長時間労働している人、やりがいをもって遅くまで働いているという人も多いことでしょう。しかし、そうした人も、過労やバーンアウト、うつに発展することはありますから、自分自身でもケアが、また学校のなかや教育委員会としてもケアが大切です。

多くの教師にとって、②の授業準備や自己研鑽は充実しているでしょうか。愛知教育大学等の調査[(10)]（2015年）によると、仕事の悩みとして**「授業の準備をする時間が足りない」と答えた教員は、小学校94・5％、中学校84・4％、高校77・8％**もいます。**「仕事に追われて生活のゆとりがない」という教員も、小学校76・6％、中学校75・3％、高校67・7％**に上ります。

自己研鑽と言っても、教材研究や真面目な読書といったことだけではありません。趣味や旅、あ

【図表3-4】 学校における長時間労働の影響

①心身ともに疲れる、病気になる。倒れる。
・バーンアウトやうつ、過労死、自殺に発展するケースも。

②個人レベルでは、授業準備や自己研鑽（能力開発、教師としての学び）の時間が減る。組織レベルでも学習が減る。
・教職員個人にとっては、読書や趣味、好きなことを追求する時間などが減ることで、広い意味での自己研鑽が犠牲となってしまう。
・学校という組織、チーム単位で捉えても、個業が増え、組織的な改善や学習が進みにくくなる。その結果、さらに多忙化が進む悪循環にもなりかねない。

③仕事の能率も下がり、ミスが起きやすくなる。子どもに接するときも、丁寧にできなかったり、ちょっとしたサインを見逃したりしてしまう。
⇒ミスや問題の対応・事後処理のためさらに多忙に。

④長時間労働を厭わない、熱血教師だけが働ける職場となる。
・団塊世代が後期高齢者　⇒介護、育児、病気を抱えながら仕事をする、が普通に。

⑤「ともかく長く働けばよい」と生産性やワーク・ライフ・バランスを軽視することが子どもに影響する。（＝隠れたカリキュラムの一つ）

⑥教員の仕事が不人気に。採用倍率低下ともあいまって質低下。

るいはさまざまな人と話をすることなども、授業の種や優れた教育実践の引き出しになることでしょう。

たとえば、次期学習指導要領で盛り込まれた「社会に開かれた教育課程」について考えてみましょう。この言葉自体がわかりにくいという問題に加えて、[11]教師の側に社会と接点をもつ時間と経験が少ないため、イメージしにくいという問題もある、とわたしは考えています。

仕事に追われ、**生活にゆとりがない状態でどうやって社会に開かれた授業をデザインし、地域や外部の支援者らも巻き込みながら魅力的な教育活動を企画・実施していけるでしょうか。**

③は睡眠不足の影響として能率が下がることなどが科学的にわかっています。いまの子どもたちのいじめや悩みは表だって見えにくいこと

も多いです。ちょっとしたサインや声にも気をつけられるようにするには、教職員が健康で、心に多少のゆとりがないとうまくいかないでしょう。

④も深刻な問題です。育児などを抱えて、早く退庁するのが後ろめたいという職場がいいとは思えません。ある県（複数）の高校ではゼロ時限目という名称で、早朝補習をしています。7時半から始まりますので、育児中の教師が子どもを保育園に送る時間もないというのは、いくら多少の教育効果はあったとしても、やはりオカシイでしょう？（なお、早朝補習は教師の負担の問題に加えて、生徒や教師の睡眠時間を削るという悪影響もあります。）

もっとひどいケースでは、妊娠すると、「途中で学級担任を放り出して」と校長や同僚から意地悪を言われた、ということも耳にしました。

⑤は、子どもたちの前に立つ教員が、長時間労働をよし、やむを得ないとしている姿勢では、子どもたちにも悪影響があります。日本社会全体が生産性を上げていこうというのに。

⑥は、**ブラックな職場、場合によっては若手等をつぶしてしまう職場には、優秀な人は就職や転職を希望しない**ということです。民間企業で働き方改革に熱心なところは、ほぼ間違いなく、人材獲得のために改革を進めています。学校でも、既に講師などは見つかりにくくなっている地域が多いと思います。すぐそこにある危機です。

以上①～⑥を踏まえるならば、働き方改革や業務改善は、重要度が高く、かつ緊急度も高いことだという認識にも立ってほしいと思います。中教審も緊急提言において「教職員の長時間勤務の看過できない実態の改善に向けて『今できることは直ちに行う』」と強調しています。

◎「持続可能か」という視点を入れる

学校の長時間労働の六つの悪影響を端的に要約するならば、**「子どものためと思って長時間労働をしていても、結果的には、それは子どものためにならない可能性が高い」**ということです。この事実をきちんと教職員の間で共有していかないと、業務改善への本気度は高まりません。

読者のみなさんは、ご自身や同僚、知り合いの先生の様子を見て、どう感じますか。今回解説した6点を自分事としてより具体的に、詳しく捉えてみてください。また、この六つ以外にも影響をリストアップしてみることもよいワークになると思います。(12)

子どものためを思って長時間労働に励む先生たちには、次の問いかけが必要だと思います。

◇献身的にともかく頑張るという姿勢ばかりで本当によいのだろうか？

◇子どものため、子どものためと言いつつ、子どものためになっていないこともあるのではないだろうか（社会に目を向ける授業ができない等、先に述べた六つの弊害）？

◇もっと自分のことも大切にする時間がなければ、よい授業も学校運営も「持続可能」にならないのではないか？

◎「なんでも丁寧」「一生懸命」「忙しいが美徳」を見直す

今回の田中先生と斎藤先生との会話にもあるように、学校のなかには、一生懸命に忙しくしている人を評価する風土があります。

子どものために頑張る姿勢はたしかに評価されるべきところも多々ありますが、過労死してもおかしくないほど、また、教師としての学びを犠牲にしてしまうほど長時間働くのは、問題です。**「なんでも丁寧」「一生懸命」「忙しいが美徳」ではなく、限られた時間で教育効果を上げていくこと**に、学校も保護者も、さらには教育行政（文科省や教育委員会）も、価値、評価軸を変えていく必要があります。働き方改革に関する中教審の中間まとめには、次の一節があります（図表3-5）。

では、限られた時間で成果を上げていく、時間対効果や生産性の高い働き方にしていくにはどうすればよいでしょうか。

一朝一夕にいく話ではありませんし、何か一つのことをすれば、うまくいくというものでもないでしょうが、ここでは3点挙げておきます。

第一に、人事評価の制度と運用を見直すことです。遅くまで残って頑張っていることや研究授業を行ったこと、部活指導の実績など、目に見えやすいことを重視した評価では、長時間労働を助長してしまいます。

【図表3-5】 学校の働き方改革の理念について

文部科学省においては，早急に緊急対策をまとめ，実行に移し，教師が疲労や心理的負担を過度に蓄積して心身の健康を損なうことのないよう，長時間勤務の是正に向けて勤務環境を整備するとともに，教師が，研さんや授業準備等の時間を確実に確保し，限られた時間で授業をはじめとした学習指導，学級担任等の学級経営，生徒指導等をこれまで以上に効果的に行うことができる環境を確実に整備することを期待する。

また，「学校における働き方改革」は，国や地方公共団体，さらには家庭，地域等を含めた全ての関係者がそれぞれの課題意識に基づいて，（中略）取り組んでいくことが必要である。**長時間勤務を良しとする，これまでの働き方を見直し，教師が日々の生活の質や教職人生を豊かにすることで，自らの人間性を高め，子供たちに対して効果的な教育活動を行うことができるようになる**という，今回の働き方改革の目指す理念を共有しながら，取組を直ちに実行することを期待する。

注）太字強調は引用者

出所）中教審「新しい時代の教育に向けた持続可能な学校指導・運営体制の構築のための学校における働き方改革に関する総合的な方策について（中間まとめ）」

第二に、長時間労働のままでは悪影響はどこに来るのか、ということを粘り強く何度も共有していくことです。

ただし、教師の多くは、上から押さえつけられるようなことを嫌います。第1章でモチベーションについて解説したように、内発的に動機付けられないといけません。ですから、各教職員が自ら「家庭や趣味や自己研鑽などの時間も含めて、もっと大切にしたい時間もあるのではないか」と振り返ることができる場を、校内研修等を通じてもつことも必要だと思います。

第三に、時間対効果や生産性の高い授業実践や行事等の進め方について、職場のなか、また学校を越えてもっと共有していくことです。たとえば、授業研で「素晴らしい授業でしたね」とか「授業進行ではこんな工夫ができるのでは」といったことだけでなく、「限られた時間でどう準備したか」を問うようにしたいです。とりわけ、育児や介護を抱えて仕事をしている方はさまざまな工夫をしていると思いますから、ぜひ聞いてみてください。

◎方法改善だけでは多忙化は解消しない。やめる、減らす、統合する

本ケースの2人の会話を見て、忙しすぎる学校をどうするか、みなさん、どう考えたでしょうか。文部科学省は〝業務改善〟ということを推奨しています（ちなみに、わたしは、国から〝学校業務改善アドバイザー〟という役割をもらっており、学校や教育委員会に助言・支援をしています）。しかし、狭い意味での業務改善、つまり教職員の仕事の仕方を見直すということだけではこの長時間労働は解決しません。それほど簡単な問題ではないからです。

広い意味での業務改善、つまり、**方法改善にとどまらず、必要性の低いものはやめる、減らすこと、あるいは関連するものは統合すること（仕分けと精選）が必要**です（図表3-6）。たとえば、部活動で休養日を設けるといった方法改善にとどめず、部活数の縮小を図ること、会議や行事の進め方やプログラムを工夫に加えて、必要性の低い会議や行事をやめること（または別のものと整理・統合すること）です。

とはいえ、アタマではこういうことはわかっても、学校では、会議の精選など一部を除きなかなか業務の仕分けと精選を実行できません。なぜでしょうか？

それは、仕事や業務の必要性や優先順位を判断する基準をもちにくいからです。ここで判断基準

【図表3-6】　業務改善の2タイプと学校の課題・ビジョンとの関係

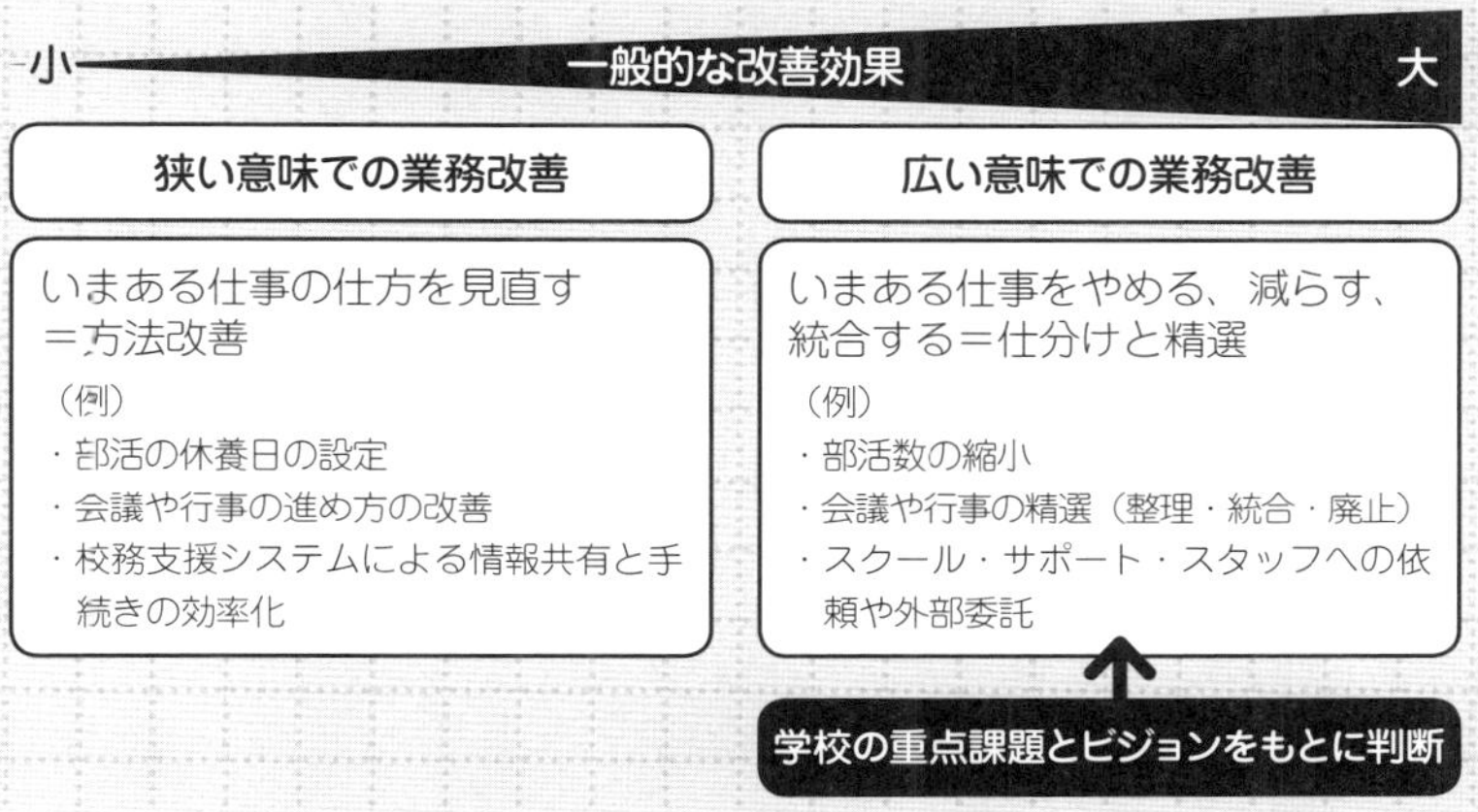

小
一般的な改善効果
大
狭い意味での業務改善
いまある仕事の仕方を見直す
＝方法改善
（例）
・部活の休養日の設定
・会議や行事の進め方の改善
・校務支援システムによる情報共有と手続きの効率化
広い意味での業務改善
いまある仕事をやめる、減らす、統合する＝仕分けと精選
（例）
・部活数の縮小
・会議や行事の精選（整理・統合・廃止）
・スクール・サポート・スタッフへの依頼や外部委託
学校の重点課題とビジョンをもとに判断

として重要となるのが、拙著『思いのない学校、思いだけの学校、思いを実現する学校』と『変わる学校、変わらない学校』でも解説した、学校の課題とビジョンを重点化するということです。

　たとえば、あなたの学校が、いわゆる生徒指導困難校で授業がなかなか成り立たない状態だとします。この学校での重点課題は「生徒指導をしっかりする」では、おそらくありません。それだと曖昧すぎて広く、重点になっていません。

　「授業についていけない子が多い」をどうするかがより重要な課題の一つでしょう。「1日の大半の時間である授業がほとんど理解できない⇩フラストレーションがたまる⇩荒れの行動」という関係が読み取れる可能性が高いと思います（この仮説が間違っているとわかったときは、別の課題を検討します)。

この学校の場合、行事にあれこれと力を入れるよりは、補習(学び直し活動)をNPOや地域と組んで行っていくことが重点施策となると思います。このように、課題あるいはビジョンを明確に定めると、やるべきことの必要性や優先度を考えやすくなります。

別の例を紹介します。ある中学校では移行期間をつくったうえで、2年生の校外学習(鎌倉旅行)をやめることにしました。教員は12月の成績処理等で大変忙しい中、入念な下見など、長い時間をかけて準備していたそうです。3年生になれば修学旅行もあるのだし、2年生で鎌倉旅行に時間と労力をかけるよりは、本校の重点である自立した子どもを育てるためのキャリア教育のほうに力を入れようと、校長は教職員にも保護者にも、呼びかけました。

木でたとえるなら、**枝葉を束ねたり、切り落としたりするには、なにが幹なのかがはっきりしていないといけない**、ということです。あなたの学校では、広い意味での業務改善に取り組めているでしょうか?

4 この20年間、学校の長時間労働に、わたしたちはなにをしてきたのか

《ケースのねらい・背景》

わたしは、学校の長時間労働の問題の根は深いと感じます。

出退勤管理の甘さ、学級担任や生徒指導主任など特定の人任せの、〝チーム〟とは言いがたい体制、部活動や補習授業などが典型の長時間頑張ることをよしとする〝根性論〟の根づいた文化などなど……。

これらはなにもここ2、3年に始まったことではありません。10年前、20年前からあったものです。なぜ、これまで放置されてきたのでしょうか。

ここでは、あるベテラン教員の過労自殺を題材に、なぜこうした悲しいことが起き、続くのか、考えたいと思います。起きたのは、今から約20年前の1998年。(「モーニング娘。」がメジャーデビューした年と言えば、かなり昔だなと感じますかね？)

わたしが問いたいのは、「果たして、**この20年のあいだに、学校の長時間労働の問題は改善したのか、進展したのか**」、「**大してしていないとすれば、いまこそ過去から学べることは何なのか**」ということです。

【ケース№012：生徒指導力のあったベテラン教師の過労自殺】

(ア)京都市立下鴨中学校、数学担当の教員、角《すみ》隆之さん（当時46歳）が1998年12月12日午前6時頃、縊死により自殺しました。
(イ)角さんは教員歴20年のベテラン。暴力的に反抗する生徒を更生させた経験を有するなど、生徒指導やクラス運営にはそれなりの自信をもっていました。

(ウ)同じ京都市の教諭であった人と結婚。子どもは3人。長女は気管支喘息、長男はネフローゼを患うなど、長期・短期の入院などが必要な日々も続いていました。

(エ)しかし、1997年度までは「中学校教師は授業にアナを空けたら取り返しが大変で休むことが難しい」と言って、自分の子どもたちのために授業を休むことはなく、夕食の時間（午後7時半頃）までに帰宅することはほとんどありませんでした。日曜も部活動の指導のため、自宅にいることはほとんどありませんでした。

(オ)角さんが下鴨中学校に赴任したのは1997年4月。長男のネフローゼ治療のため、病院に連れて行くことなどが必要なため、学校に申し出て学級担任からは外してもらい（副担任となり）、1997年度は部活動の顧問も担当しませんでした。

(カ)この年度の終わり頃、「子どもの状態もよくなったので、いつまでも副担任では心苦しいため担任を持たせてほしい」と学校に申し出ました。これを受けて、学校は、1998年度は2年1組を担任させることとしました。

(キ)角さんは月1~2回「どんこう列車」という学級通信を発行するなど、学級運営にも熱心に取り組んでいました。

(ク)数学担当としては、3年生の選択授業を週2回、2年生の授業を週16時間担当していました。仕事に対する熱意があり、教材研究やプリント作成など熱心に行っていました。なお、選択授業については教科書がないため、教材を自ら作成する必要がありました。

(ケ)校務分掌としては、研究部の特別活動主任として活動していたほか、四つの委員会の担当でしたが、委員会はほとんど開催されておらず、分掌の負担は重いわけではなかったようです。

(コ)角さんは、口数はあまり多くないほうでしたが、学年集団のなかで協力して行動しました。人間関係はよかったと見られます。

(サ)部活動では、1998年度は女子バレー部と剣道部の顧問を担当しました。角さんはこれらの部の技術指導は担当していませんでしたが、試合の引率や他の部との練習場所の調整、部活動の練習等に一定の関わりをもっていました。

(シ)加えて、角さんは、1998年4月、前年度からの生徒等の要望に応えるため、正規の部活動ではないバスケットボール同好会を立ち上げました。角さんは学生時代、自らもバスケットボールをしており、またこれまで勤務していた学校でバスケットボール部を指導し、全国大会に導くなど実績を上げていました。

(ス)同好会であったため、体育館を正規の部活動が使用していない時間にしか使えず、練習には顧問が必ず付き添わなければならず、また顧問一人だけでした。

(セ)バスケットボール同好会や剣道部の指導等のため、角さんは土日も出勤することが多く、少なくとも、4～6月には74時間50分、7～10月には124時間30分の休日出勤をしていたことが確認されています。

特殊勤務手当実績簿では4時間以上の勤務の場合のみ記載があり、すべての休日出勤が記載されているわけではありません。

(ソ)下鴨中学校は、タイムカード等により管理されていなかったため、角さんの正確な勤務時間は不明です。しかし、裁判では、パソコンの更新履歴や成果物（教材プリント、試験問題等）により持ち帰り残業があったことが認められました。1998年4月：66時間20分、5月：87時間10分、6月：80時間10分、7月：90時間20分、8月：31時間30分、9月：90時間20分、10月：82時間10分の時間外勤務を行ったことが認められました。

※9月はまったく休日が取れていませんでした。

(タ)担任の2年1組には問題行動が目立つ女子生徒Aがいました。Aは中学1年生の頃から問題行動があり、学年会において、生徒指導経験の豊富な角さんが担任を持つこととされました。Aは問題行動を起こす生徒の間のリーダー的存在で、校内のみならず、他校の生徒とも交流していました。クラス全体がAに引きずられるようになり、他の教師も指導に苦慮していました。

(チ)角さんは、Aに対し他の生徒と分け隔てせず、高圧的な態度に出ることもなく、1998年の夏休みの頃には、生徒指導部長だった教員とともに家庭訪問するなど、辛抱強く指導に当たっていました。

(ツ)角さんは、Aやクラス生徒の反応が、それまで20年間培ってきたものと異なるので、どういうふうに生徒に接したらいいのか、わからなくなっていき、1998年6月頃には非常に強いストレスを感じていました。

(テ)角さんは1998年10月28日に、親族の告別式のために取得した特別休暇を利用して精神科を受診しました。①最近仕事でミスが多いこと、②出勤前に吐き気がすること、③3～4時間寝た後に思い悩むこと、④クラスづくりに自信をもっていたが、今回は20年目にして悩んでいること、⑤希死念慮があり、夏休みには包丁を持ち出したことなどを話しました。

(ト)角さんは精神科を受診したその日に1か月の休職を申し出ました。翌日精神科を受診し、抑うつ状態のため3か月の休養を要するとの診断書を取得、30日から病気休暇に入りました。

(ナ)12月5日ごろ、角さんは2年1組の生徒、バスケットボール同好会の生徒、同僚教員らに対し手紙を書き、迷惑をかけたことを謝罪するとともに、自己の体調は随分良くなり、少しでも早く復帰したいと思っていることなどを伝えました。

(ニ)12月9日付け、自殺直前に記載したと思われるメモには、妻に対して「学級がしんどくなったのは事実だ。夏まではなんとかのりきったのだけ（ど）、特に2学期に入って荷が重い。本当のわけはお母さんにも話していないが、逃げたと思われてもしかたない。いつも不満申しわけなかった。20年間ありがとう。」と記されていました。子どもには「がんばって希望の大学へ入学することを願っている。こんなとき一番しっかりしなければならないはずのお父さんがつらい。」、「父をゆるせ！」、「おまえのかわいい声いつまでも聞きたかった。たくさん食べて大きくなれよ。」などと記されていました。

出所）大阪高裁での判決文にて認定された事実をもとに作成

【問い】

(1)本ケースをもとに、ベテラン教師までもが追い詰められてしまう背景には、どのようなことがあると考えますか。(ア)〜(ニ)までの事実を参照、引用しながら、説明してください。
(2)角先生のようなことが二度と起こらないようにするためには、どのようなことが必要だと思いますか。
約20年前のこととはいえ、今にも通じる教訓は何でしょうか。

《解説》

◎周りからも、自分自身からも追い詰められる教師たち

角先生は、なぜ、自殺しなければならなかったのでしょうか。その真相は明らかではありませんが、角さんが**なぜこれほど忙しく、精神的にも追い詰められる状態となったのか**については、この判決文をもとにある程度想像することができます。

本件では**「子どもたちのためになる」という善意、献身性**が角さんの長時間労働に色濃く影を落としていることがわかります。

それがもっとも顕著に現れているのがバスケットボール同好会の創設と運営です（シ、セ）。仕事が大幅に増えることはわかっていたであろうに、生徒の希望等もあり、通常の部活動の顧問に加えて、同好会を引き受けました。そして、土日もほぼ休みなく世話をしたのです（セ、ソ）。

学級通信も頻繁に作成し、数学の授業でも、自前で教材を作成するなど、熱心な先生として知られていました（キ、ク）。こうした「子どものためになる」という思いが、角さんの教師としての

仕事のモチベーションを支えていた部分もありますが、同時に、心身を酷使することにもつながっていました（ソ）。

また、多忙化と直接関係するとは限りませんが、「子どものために」という思いが強ければ強いほど、子どものことでうまくいかなくなると、心的なストレスや自分を責める気持ちが強くなるものです。そのことが示唆されるのは、問題行動の多かった女子生徒Aとの関係です（タ、ツ）。

◎みんながやっているからというグループシンキングの危険性

角先生には**「教職員はみんな（長時間一生懸命）やっているなか、自分だけ手を抜くわけにはいかない。忙しくても仕方がない」**という思いも強かったのではないかと推察されます。これは、**「グループシンキング、集団思考」**と呼ばれることの一つです。周りがそう思っていると、自分も冷静に判断できず、つい同調してしまいがちになることを指した言葉です。

ある興味深い心理実験があります。アッシュというアメリカの心理学者が行ったものですが、被験者にある一本線の絵を見せて、これと同じ長さの線の絵を選んでくださいという問題を出しました。だれも間違えようのないような簡単な問題です。ところが、被験者の前にサクラの回答者を6人前後並べ、被験者の先の回答はみんな間違った答えを出すようにしました。そうすると、被験者もサクラの回答につられて間違える確率が高まりました。アメリカでも日本でも実験をして、だいたい23～25％くらいの割合で間違える（＝同調する）そうです。[13]

本件では、１９９７年度は子どもの看護などを理由に担任からは外れていたのですが、角さんは「いつまでも副担任では心苦しいため担任をもたせてほしい」と自ら担任に復帰することを希望しています（カ）。二つの部とバスケットボール同好会の顧問にもなります。ほかの先生が忙しいなか頑張っているのに、自分だけ仕事を軽減してもらうのは申し訳ない、そんな気持ちが強くあったのだと思います。

学校のなかの組織、チームの状況はどうだったでしょうか。角さんの場合、同僚との関係はよかったようですし、Ａへの家庭訪問などは生徒指導担当とも行動をともにしています（コ、チ）。Ａにはほかの教員も手を焼いていたのだし、学校全体でも目立つ行動が多かったことを考えると、ある程度学年単位や学年全体で取り組んでいた点もあったことでしょう。

しかし、判決文を読む限り、組織的に大きなサポートや協働があったとは読めません。角さんに生徒指導の実績があったことが、かえって、角さんを孤立に（個業化）させ、角さんはAを任せられたという経緯と自己の責任感から、大変悩みながら粘り強く指導していたことが窺えます。

◎教師の献身性におんぶに抱っこではいけない

本件の残した教訓は、非常に大きいと感じます。そのあとも、この20年のあいだ、教員の過労自殺や過労死はあとを絶ちません。献身的な教師が自殺をしたり、病気になったり、志がありながらも途中で辞めたりしているのです。

以下、特に心にとめておきたいこととして、5点に整理します。

第一に、熱心な教員の献身性と自己犠牲に寄りかかるだけでは、こうした大変悲しいことに発展しかねない、ということです。ベテランだから、これまで実績があるから、本人も進んでやっているから（希望しているから）といったことで、疲労やバーンアウトの危険性を甘く見てはいけません。

古代ローマの偉人、カエサルは次の言葉を残しています（塩野七生『ローマ人の物語』）。

> 人間ならば誰にでも、現実のすべてが見えるわけではない。
> 多くの人は、見たいと欲する現実しか見ていない。（カエサル）

この20年のあいだ、わたしたちは（教職員も保護者、地域等も）、ともすれば、**教師の熱心さや頑張り、また児童生徒たちの笑顔や教育上の効果という「見たいと欲する現実」しか見てこなかった。教師の心身への負担の現実や追い詰められるリスクというものを見ようとしてこなかった**のかもしれません。

◎「子どものために」「子どもがかわいそう」が教師を追い詰める

第二に、熱血教師は自ら進んで忙しくなるということです。子どもたちのためになる、教育効果があると感じ、**本人はよかれと思ってやっていますから、自分だけの力ではなかなか変えられません**。管理職を中心に、学校全体と個々の教職員の状況をよく観察して、たとえば、部活動や同好会はこのままの数や練習量で維持するべきなのか、教職員の働き方はこのままでよいのかなどを見直していくことが必要です。

角さんの場合、9月はまったく休みなし、働き詰めでした。この情報は、特殊勤務手当の手続きで管理職や事務職員はキャッチできていた可能性が高いと推察します。十分なケアや対策協議はできていたと言えるでしょうか。

第三に、授業が成り立ちにくくなることや、学級運営で大きな悩みがある場合、保護者対応で悩んでいる場合などは、担任任せにしない、一人で抱え込ませないことが重要です。健康に詳しい河合薫さんは**「子どもがかわいそう」というのは、教師を追い詰める「呪いの言葉」になっている**と し、こう指摘しています。(14)

多くのバーンアウト研究から、「一人きりで責任を背負うことのない職場」にすることの重要性が示唆されている。だが、新人であれ、20代であれ、「先生」は「先生」。いったん「先生」になった途端、余人をもって代えがたい状況に追い込まれ、〝その先生〟が対応しなければならない仕事に四六時中追われ、何か問題が起きると、すべて〝その先生〟の責任にされ……。仕事が好きな人ほど、真面目な人ほど、「子どものため」にと孤軍奮闘し、追い込まれる。

実際、教師のバーンアウトについての研究によると、自分の仕事や活動が認められ、周りから支持されていることは重要であり、そう感じている教師は、仕事の志気の低下を防ぐことへの影響が統計的にも有意に見られるそうです。(15)

第四に、教職員には、**自分のことも大切にする**意識づけ、価値づけがもっと必要ということです。角さんが精神科を受診したのは10月下旬で、精神状態が相当悪化したあとでした。それも親族の告別式があったので、やっと行けたというのです（テ）。このように、**教員の多くはついつい自分のことを最後まで後回しにしてしまいがち**です。このことの危険性を教員はもちろん、周りのわたしたちも、もっと自覚しておきたいと思います。

第五に、**苦しい教職員の心の声は、管理職にも同僚にも届きにくい**ということです。第2章で検討したように、学校は弱みを見せづらい職場です。また、熱血教師が多い職場のなかでは、自分だけつらい、減らしたい、軽くしたいとはなかなか言い出しにくいでしょう。子どもたちに対してもそうであるように、教職員についても、ちょっとしたサインや愚痴も大切にしたいと思います。

5 〝ブラック部活〟をどうするか
―多忙とやりがいとの葛藤、自由と規制の振り子

《ケースのねらい・背景》

本設問では、部活動のあり方を考えます。各種データからわかるのは、中学校、高校の長時間労働の最も大きな要因の一つが部活動です。また、生徒数の減少に伴い、教職員数が減っているなか、従来のままの部活動の運営では立ち行かなくなっている、あるは近い将来そうなるという学校も少なくありません。

しかしながら、部活動を見直すといっても、保護者の要望、また一部の教職員は〝部活命〟という人もいるわけで、一筋縄にはいきません。どうしていけばよいでしょうか。

【ケースNo.013：桐島先生、部活顧問やめるってよ】

入学式・始業式を間近に控えた4月初旬。ある県の市立東浜中学校での会話。

田沼校長（男性、59歳）：そろそろ部活動の顧問を決めていかないといけないのですが、桐島先生には、昨年度に引き続き女子バレー部を一つもっていただけませんか？

桐島先生（女性、32歳、家庭科）：そう言われましても、私はバレーの経験は一切なく、昨年は引率や安全管理など最低限のことをやってきただけです。生徒のことを思っても、もっと技術指導のできる方に顧問になっていただいたほうがよいと思うのですが。

美濃先生（男性、46歳、生徒指導主任、数学科）：おととしまで顧問をされていた先生はバレーの指導経験はあったのですが、産休・育休に入られて、まだ今年は、顧問はむずかしい状況です。保健体育の先生方は陸上や野球、テニスなどを既にもたれています。女子バレーをお願いできるのは、桐島先生だけなんですよ。

田沼校長：先生もご存じのとおり、本校の伝統として生徒全員なんらかの部活に入ることとしてきましたし、また教職員はチームとして一致団結して、顧問を分担していくことにしていますので。

桐島先生：私のように独身の者にどうしてもハードな部の顧問が回って来やすいという事情はわからないでもないですけど、顧問を強制するというのはいかがなものでしょうか？（心の中で……パワハラだって言えばいいかしら？）

田沼校長：いやいや、先生、強制というんじゃないのですが、負担はみなで分担しましょうということです。また、顧問のなり手がいないと、廃部・休部にせざるを得ませんが、それではこれまで頑張ってきた生徒たちはどうなりますか？　それに、女子バレー部には熱心なOBや保護者もいますから、急にやめるとなると、何を言ってくるか、わかったもんじゃありません。外部指導者を雇うとしても、当市は予算を付けていませんし。ここは、先生方の熱意にお願いするしかないというわけで……。

美濃先生：生徒指導の観点からも部活動で心身を鍛え、子どもたちの活躍の場を増やすことは重要と考えています。先生はいらっしゃらなかったけれど、4、5年前と比べて、実際のところ本校の問題行動は相当少なくなってきていますし。それに、今の子どもたちは、他者と協働的な作業をする経験は多くありませんし、自己肯定感も低いと言われています。部活指導はその点でも有効ですよ。

桐島先生：生徒のためというなら、まずは授業ですよね。今年わたしは家庭科では一人で、2学期から臨時の先生が辞めてしまったから、全学年の授業準備と５００人もの成績を付けないといけなかったんです。もうヘトヘトで、このうえ部活の世話となると、週末も休みなく働き続けてきました。それでも、顧問やらなきゃダメですか？

【問い】

(1)東浜中学校の3人の会話を聞いて、気になる発言の箇所にアンダーラインを引いてみましょう。なぜ、そこがひっかかりましたか。

(2)(1)と関連して、東浜中学校の部活動の運営について、どのような問題があると思いますか。

(3)あなたの勤務する学校（あるいはあなたが比較的よく知る学校）では、(2)と同じような問題はないでしょうか。あるとしたら、どうしていけばよいと思いますか。

《解説》

◎部活動は生徒の自主的な活動であり、顧問の強制は法的根拠なし

本ケースのタイトル「桐島先生、部活顧問やめるってよ」は、お気づきでしょうか？　朝井リョウさんの人気小説（映画化もされた）「桐島、部活やめるってよ」をまねました。

奇しくも、この二つのタイトルが象徴していますが、生徒にとっても、教師にとっても、部活動というのは、入るのが自然、当たり前という雰囲気があります。入らない、あるいは顧問をしないとなると、〝なんで？〟となるから、このようなタイトルが成立してしまうのです。

また、教師の誰かが顧問をして当然という意識が、生徒にも、保護者にも、校長や教職員にも根強く、職員室でも「他の先生はみな分担しているのに、あの先生だけどうしてやらないなんて言うの（言えるの）？」という「同調圧力」がかかります。[16]このケースの桐島先生のように「それでも、顧問やらなきゃダメですか？」と言える人は、果たしてあなたの学校ではいるでしょうか。

２０１３年３月に「真由子」と名乗る中学校教師がブログ「公立中学校　部活動の顧問制度は絶対に違法だ!!」を立ち上げ、その後、大きな話題となりました。２０１６年には部活顧問の「選択権」を求めてインターネット上のウェブサイトで署名を集める運動が起こり、３か月間で約２万３５００人分が集まりました。[17]

部活動とは、どのような性格のものでしょうか。まずは、新学習指導要領（中学校では２０２１

年度から完全実施、高校は22年度から）をよく確認しましょう。

> 生徒の自主的、自発的な参加により行われる部活動については、スポーツや文化、科学等に親しませ、学習意欲の向上や責任感、連帯感の涵養等、学校教育が目指す資質・能力の育成に資するものであり、学校教育の一環として、教育課程との関連が図られるよう留意すること。その際、学校や地域の実態に応じ、地域の人々の協力、社会教育施設や社会教育関係団体等の各種団体との連携などの運営上の工夫を行い、持続可能な運営体制が整えられるようにするものとする。

※アンダーライン・強調は引用者。高校も同様の記述。

まず、学習指導要領（中学校の新指導要領は155ページもある）で部活動は1か所しか出てこないという事実を、保護者はもちろんのこと、多くの教師もご存じでしょうか。これだけ、多くの時間を、生徒も教師もかけているにもかかわらず！

次に、部活動は「生徒の自主的、自発的な参加により行われる」ものであり、教育課程外（＝正規の授業の外）という位置付けであることに注目です（新指導要領も現行も同じ）。この記述は、部活は生徒にとっても、教師にとっても、強制ではないということを示しています。意訳すると、

「生徒がなんらかのスポーツなり文化活動なりをやりたいねと言ってきた。学校側の体制（指導者や施設、設備など）も整ったから実施可能になった。じゃあ、やりましょうか」というのが本来の部活の姿なのであり、生徒や保護者の一般的な認識とは異なり、**全生徒入ることが当たり前、教師がやってくれて当たり前ではありません**。本ケースの東浜中のような運用は、部活動の本来の趣旨とはズレていることを認識してほしいと思います。

データを確認すると、公立中学校の32・5％において生徒全員が入部する運用をしています（スポーツ庁「２０１７年度『運動部活動等に関する実態調査』集計状況」）。また、入部方法は「希望制」であるとしても、そこに「半強制」となっている学校もあります[18]。

このため、部活動の顧問は生徒の自主的な活動に付き添っている、教職員の自発的な活動である、というのがタテマエです。まだ勤務時間中であれば校長が職務命令で教育活動として指導に当たるように要請することはできるかもしれませんが、**勤務時間外まで顧問の仕事を押し付けるのは、法的な根拠はありませんし、筋が通りません**。

というのは、そもそも、公立学校の教員に時間外勤務を命じることができる場合は、「公立の義務教育諸学校等の教育職員を正規の勤務時間を超えて勤務させる場合等の基準を定める政令」（長い名称ですね）というのがあり、生徒の実習や学校行事、職員会議、非常災害などに必要な業務（いわゆる超勤4項目）に従事する場合であって、臨時または緊急のやむを得ない必要があるときに限るものとされています。部活動はこの4項目に該当しませんし、臨時または緊急でもありません。

しかし、現実はそうはなっていないのは周知のとおりです。2016年度全国体力・運動能力等調査によると、中学校では部活動の顧問は「全員が当たることを原則としている」学校が87・5％と大多数であり、「希望する教員が当たることを原則としている」は5・3％に過ぎません。学習指導要領の趣旨に反して、全員顧問のほうが多くの中学校の〝常識〟なのです。

しかし、**多くの学校がそうだからといって、あなたの学校もそれでよいのか、教育課程外の部活動に重きを置きすぎてはいないだろうか**、もう一度よく考えてみる必要があります。他所がそうしているからと言って、指導要領の趣旨を曲げて解釈してはいけません。

◎「教育効果があるから、部活動は必要」は本当か？

とはいえ、本ケースのように、「廃部・休部となると生徒たちがかわいそう」、「生徒指導上も部活動は効果的」、「部活を通じてチームワークや社会性を身につけられるし、一つのことに打ち込むことは自信にもつながる」といった言葉は、よく学校のなかで聞きます。

本当にそうなのでしょうか。

中教審の次期学習指導要領に関する答申の中では、「部活動は、異年齢との交流の中で、生徒同士や教員と生徒等の人間関係の構築を図ったり、生徒自身が活動を通して自己肯定感を高めたりする等、教育的意義が高いことも指摘されているが、そうした教育が、部活動の充実の中だけで図られるのではなく」と述べています。

つまり、**部活動の教育効果はあるのかもしれませんが、それは部活動以外の教育活動（家庭での活動や地域社会での活動などを含む）でもよい**、という視点をもつ必要があります。そもそも部活に入っていない生徒もいますし。

朝日新聞に寄せられた、ある中学生の母親の投稿を紹介します（2017年4月17日付朝刊）。これは熱心な部活指導が諸刃の剣であることをよく示しています。

> 娘が中学校バスケットボール部に所属しています。丸1日の休みは無いことが多く、日曜はほとんど試合。多感で頭の柔軟な時期に、公立の学校がここまで生徒（先生も）を拘束することと、週7日、同じ人の指導を受け続けることは、子どもが色々なことや人に出会う機会を奪うものであり、大変違和感を感じています。

2016年にベストセラーとなったアンジェラ・ダックワースの『やり抜く力GRIT』（ダイヤモンド社、2016年）によると、大きな成功をおさめる人々に共通するものは「GRIT（やり抜く力）」だそうです。やり抜く力とは、情熱と粘り強さの二つの要素から測定可能なもので、知能指数（IQ）や性格の多くよりも、この力のほうが成功には影響するというのです。そして、アメリカでの研究によると、**やり抜く力は伸ばすことができること、その一つの方法が課外活動を続けることにある**ことが紹介されています。

日本の文脈で言えば、部活を熱心に続けられた生徒は、その後の将来も成功する確率が高まる、ということが示唆されます。おそらく、中高で部活に熱心な先生方の中には、このことを長年の経験により実感している方も多いことでしょう。

ただし、次の4点に留意する必要があります。

第一に、これは多くの研究の一つに過ぎず、部活動の教育上の効果については、あるという研究も、ないという研究も、またむしろ部活に打ち込むあまりに成績が低下するなど負の効果が大きいとする研究なども、さまざまなものがあります。

中澤篤史（２０１４）『運動部活動の戦後と現在：なぜスポーツは学校教育に結び付けられるのか』（青弓社）によると「結局のところ、運動部活動参加が人間形成や教育的・職業的・社会的達成に対してどのような機能・効果を持つのかは、いまだ明らかになっていない」と述べています[19]（p.71）。また、部活動の生徒指導上の効果（学校が落ち着く、生徒の問題行動が減る等）を声高に主張される校長や教員は多くいますが、このことを示すエビデンス（科学的な証拠）はなく、経験談に過ぎません。[20]

第二に、前掲『やり抜く力』には、〝教師が課外活動の世話をしなければいけない〟とは一言も書かれていません。ついつい日本の教員は、子どものためになることを目の前にすると、「自分がやらないとほかに誰がやる？」という使命感に燃える人も多いと思います。しかし、部活は教育課程外ですし、必ずしも教員がすべて抱え込む必要はありません。働き方改革の中教審・中間まとめも、その考え方を示しています。

第三に、この本には「どんな活動に打ち込んだかは問題ではない」と書いているところにも注目です。学校や家庭は、部活動であれ、趣味であれ、子どもが情熱をもって継続的に打ち込めるものを見つける手助けができればよい、と捉えたほうがよいでしょう。

第四に、たとえ部活動の教育上の効果が大きいとしても、生徒にとっても、教師にとっても、かける時間や負担の問題も考えていくべきです。

◎顧問をやりたい人も、やりたくない人も気持ちよく仕事できるように

問い(3)に関連します。では、具体的にどうしていけばよいでしょうか？　わたしは3点提案したいと思います。

〈提案1〉３月の年度末あるいは４月の新学期当初にバタバタと、全教員が顧問になることを前提に決めていくのは、やめませんか？　もっと根本的に部活動のあり方を関係者で話し合いましょう。

顧問をやりたくない人や負担を軽くしたい人の声にもじっくり耳を傾けられるように、学校の中でもっと話し合いの場をもつべきだと思います。そして、部活動指導員や外部指導者を含めて、どうしても顧問のなり手のいない部については、他の部と合同にするとか、将来的には休部・廃部になってもやむなしとせざるを得ないのではないでしょうか。

ここまでの検討をするには、教職員のなかはもちろん、保護者も含めて入念に協議していく必要がありますから、とても年度末や年度当初にやろうとしても無理です。

部活動の本来の趣旨とは反して、顧問をしたくない教師にも半ば強要している実態があるのは、そうしないと今の部活数での運営が維持できないからです。内田良准教授は「全員顧問制度の背景には、教員全員で負担を均等に分かち合いましょう、みんなで協力して部活動を運営していきましょうという考え方がある。子どもの教育は教員全体で分け合って担うものであり、そう考えることで自校の部活動を存続・発展させようとするのだ。」と分析しています。[21]

部活数がもっと少なければ、やりたくないという教師に強要する必要もないし、または顧問、副顧問といったかたちで1人あたりの負担軽減をもっと図ることができます。つまり、部活動に伴う負担問題の多くは、学校がキャパオーバーな部活数を抱えているということでもあります。

また、「去年まで一生懸命打ち込んできた生徒も多いのに、顧問がいないという学校側の理由で休部になんてできない」という意見も強くあるでしょうし、その気持ちはよくわかります。休部・廃部となれば、保護者やOB、場合によっては議員等からもクレームが来るでしょう。

しかし、繰り返しますが、部活は通常の教育課程には位置付けられない、プラスアルファの仕事であり、実施することは必須ではないのです。教育上の効果の多くも、部活以外のものから得る方法もあります。部活は、生徒の希望と学校側の体制が整ってはじめて成立するものです。すぐには難しくても、2、3年かけて縮小していくことに舵をとるべき学校は多いと思います。

◎今の部活も、すべての生徒の希望を叶えているわけではない

当たり前のことですが、人も、資金も、時間も有限です。このことに教職員も保護者等も、もっとちゃんと向き合うべきだとわたしは感じます。

たとえば、「将来はオーケストラで活躍できるのが夢だ、中学時代はそれに向かって放課後もいっぱい練習したい」という生徒がいたとしても（それも複数人）、オーケストラ部をつくらない学校のほうがほとんどだと思います。あるいはオリンピックに感動して、フィギュアスケートをやりたい、カーリングをやりたいという生徒がたくさん出ても、そうした部活を設置できる学校はほとんどありません。なぜなら、指導者も予算も施設も足りないからです。**現状でもできる範囲で、一部の生徒の希望は我慢しながらやっている**、それが部活動の現実です。

◎部活の地域移行は進むか

部活数を一定程度減らすこと、それは、一部の活動は、保護者や地域が担うクラブ（総合型地域

スポーツクラブ等）、あるいは民間サービス（スイミング教室やバイオリン教室を代表例とする習い事等）としていくことを意味します。

学校の働き方改革に関する中教審の中間まとめでも、こう述べられています。「部活動は必ずしも教師が担う必要はないものであることを踏まえると、**教師が授業や授業準備等の教師でなければ担うことのできない業務に注力できるようにする**ためにも、将来的には、地方公共団体や教育委員会において、学校や地域住民と意識共有を図りつつ、地域で部活動に代わり得る質の高い活動の機会を確保できる十分な体制を整える取組を進め、環境が整った上で、**部活動を学校単位の取組から地域単位の取組にし、学校以外が担うことも積極的に進めるべき**である」。

もちろん、地域移行は容易ではありません。ここ20年、30年の間、何度も試みられましたが、うまくいった地域は非常に少ないのが現実です。だいたい平日の16時～18時や土日に付き合ってくれる暇な大人で、技術指導ができる人はそうそういません。ただし、たとえば、授業の一部を非常勤講師として担い、放課後の一部の部活指導を副業として行う人などがもっといてもいいかもしれません（もちろん本人が希望すればですが）。

また、企業や行政の働き方改革も同時に進め、部活指導や子育てなどのために16時には帰れる社会になれば、ちがってきます。萌芽的な事例としては、かつては長時間労働が当たり前だった味の素に2017年から16時半までの勤務になっています。あるいは、シニア層が元気に面倒を見てくれる地域では、部活の担い手はある程度そろうかもしれません。

もっと大胆な発想をすれば、学校の空き教室や体育館の一部を民間のオフィスとして貸し出し、そこで働く人が放課後の一部を見てくれるという可能性もあると思います。[22]

なお、新しい学習指導要領では「持続可能な運営体制が整えられるようにする」という文言が加わっていることに注目です。今のままの部活では持続可能ではないよね、という問題意識があるから、そう書いているのです。部活数の縮減や地域移行は、決して平坦な道ではありませんが、今こそ、知恵やアイデアを出しながら、合意形成を進めていく必要があります。

もう一つ注意してほしいことがあります。部活動の一部を地域移行したり、あるいは部活動指導員や外部指導者を招いて教師の負担軽減を図ったりしても、それで直ちに安心というわけではない、ということです。

・外部指導者等のほうがむしろ過酷な練習を課す事案
・外部指導者等と一般の教師が曜日などで分担する場合、両者の指導方針等が合わず、むしろ調整に手間がかかってしまう事案
・保護者・地域が担うクラブ活動で指導者の暴力が起き、学校側との責任の所在の曖昧さが問題視されている事案

なども既に起きています。

静岡市では外部指導者に対して、配置する前に約7時間もの研修を行い、安全管理や生徒指導の在り方、トレーニングの理論と方法などを伝えています（図表3-7）。もちろん、研修すれば安

【図表3-7】　静岡市における外部指導者への研修等

教育委員会が「ライセンス」を付与した者を外部顧問として任用

○講義・演習等による研修［7時間］

内容	時間･形式 講師(例)	確認方法
教育における部活動の役割	60分・講義 学校教育課指導主事	テスト
学校における事故発生時の救急体制	60分・講義 学校教育課指導主事	テスト
部活動及び学校現場における安全確保	60分・講義、演習 救急救命士	テスト
部活動における生徒指導の在り方	60分・講義、演習 学校教育課指導主事	テスト
社会に開かれた部活動の在り方	60分・講座、演習 静岡市中体連会長	レポート
日々の指導に活かすコーチングスキル	60分・講義、演習 清水エスパルス	テスト
部活動指導に活かすトレーニング理論と方法	60分・講義、演習 有識者	レポート

○実地研修［1ヶ月程度］

内容	確認方法
各競技団体による実技講習	実地観察
実習視察	実地観察
静岡市部活動外部顧問への期待	
総括的評価	面接

↑

人材の発掘（企業等、大学･専門学校等、競技団体、小学校等）

出所）スポーツ庁「運動部活動の在り方に関する総合的なガイドライン作成検討会議（第４回）」資料（2017年11月17日）

心とは限らないのですが、地域等に丸投げではなく、それほど手間をかける必要があるということの現れです。

◎教師が勝負するのは授業

〈提案2〉「部活熱心な先生＝生徒思いのよい先生」、「顧問をやりたがらない先生＝自分のこと優先で、生徒への熱意が足りない先生」といった評価、職場の価値観を見直せ。

あなたの学校では、部活熱心な教師がよい先生という評価や価値観はないでしょうか。

調査データで確認できているわけではないのですが、校長等にはこういう意識が本音のところではまだ根強いかもしれません。なぜなら、いま校長になっている人は、１９８０年代の校内暴力が大変だった時代に、部活動指導も一生懸命やりながら、生徒指導も行い、学校を立て直してきた人が多いからです。この成功体験を否定するものではありませんが、ご自身の経験に囚われているのは、前述した「生存バイアス」です。「ワシの若いころは部活はやって当たり前だったのに、最近の教員は気概が足りない」と感じたり、部活の教育効果を過大に評価したりしている部分はないか、冷静に振り返ってほしいと思います。

先ほど中教審の中間まとめも紹介しましたが、教師は授業や授業準備等の教師でなければ担うことのできない業務に注力できることをもっと考えるべきです。部活指導はやってよいけれど、＋αの部分。やはり、**教師は授業で勝負してほしい**と思います。

中教審の中間まとめでも次の一節があります。

> 部活動に過度に注力してしまう教師も存在するところであり、教師の側の意識の改革も必要である。そのため、採用や人事配置等において、教師における部活動の指導力を過度に評価しないよう留意すべきである。

◎部活はやりがいや感動を感じやすい。だからこそ、一定の制限はかけたほうがいい

〈提案3〉部活動は教師にとってのやりがいを感じやすいからこそ、過熱化しやすい。この点を踏まえつつ、国のガイドライン等をしっかり遵守していくべき。

3点目は、部活大好きな先生とその同僚、保護者に向けてです。

部活では、生徒たちの成長する姿を見て、感動するシーンに立ち会うことができます。これは教師冥利に尽きるというものです。しかし、だからこそ、部活は、**教員も生徒もハマりやすいがゆえに、よくよく注意が必要ですし、活動時間などに一定の制約が必要**です。授業準備などの本務を差し置いて部活にのめり込む教員がいることも問題です。

◎もっとやりたい生徒がいるのに、なぜ活動時間を限るのか

2018年3月に、スポーツ庁が**「運動部活動の在り方に関する総合的なガイドライン」**を取りまとめました。わたしも有識者会議のメンバーとして相当積極的に発言してきました。（蛇足ですが、元オリンピック選手などを含むアスリートやスポーツ指導者の委員に囲まれるなか、わたしはブラスバンド部出身の文化系でした。）休養日を週2日以上設けることや、平日は2時間程度以内、

【図表3-8】 運動部活動の在り方に関する総合的なガイドラインの主なポイント

・学校で行われる運動部活動を対象としている。文化部は対象外。
・中学校も高校も対象である（高校は原則、適用）。
・週当たり２日以上の休養日を設ける（平日は少なくとも１日、土曜日及び日曜日は少なくとも１日以上を休養日）。
・１日の活動時間は、長くとも平日では２時間程度、学校の休業日は３時間程度とし、できるだけ短時間に、合理的でかつ効率的・効果的な活動を行う。
・より多くの生徒の運動機会の創出が図られるよう、季節ごとに異なるスポーツを行う活動、競技志向でなく友達と楽しみながらレクリエーション志向で行う活動なども検討する。
・大会について、中体連等は、複数校合同チームの参加、学校と連携した地域スポーツクラブの参加などの参加資格の在り方、大会の規模もしくは日程等の在り方等の見直しを行う。
・地域の実情に応じて、地域全体で、これまでの学校単位の運動部活動に代わりうる生徒のスポーツ活動の機会の確保・充実方策についても検討する。

土日も3時間程度以内におさめることなどを求めています（図表3－8）。

運動部活動に関係する人もしない人も、ぜひ考えてほしいのは、**「なぜ、こんな規制をするのか」という理由**です。学校現場の中には（そして評論家等の一部にも）、「もっと練習したい、強くなりたい生徒もいるのに、どうして制限しようというのだ」というモヤモヤとした疑問、あるいは反発もあります。

この規制の大きな理由の一つは、スポーツへの参加時間が長ければ長いほど、けがや障害になる確率は高くなることが、実証されていることです。実際、週16時間以上の場合、ないし〝年齢×1時間〟より多い場合は、けがの発生率が高いとの研究が複数あります。ちなみに、これは体育の時間なども含めての時間です。

ほかにも理由はあります。わたしは、有識者会議の最終回で次の趣旨の発言をしました。

> 7時半から朝練をして、放課後は19時まで練習する。そんな部活は全国あちこちにあります。では、その生徒たちの残された時間はどのくらいでしょうか？　通学時間を除くとあと11時間ほど。生理的な活動、つまり、メシ、フロ、トイレなどに約2時間かかると残り9時間です。この中から、勉強をしたり（家庭学習や塾）、友達とLINEでやりとりしたり、家族としゃべったり、ゲームなど自由気ままに過ごしたりする時間を、そして睡眠時間を捻出しないといけません。
>
> 勉強時間や睡眠時間を削らないとかなり無理がある1日だと思いませんか？　部活のやりすぎはなぜいけないか。24時間は限られているのだから、**部活があまりにも子どもたちの自由時間等を侵食してはいけない**のです。

ある校長は話してくれました。「最近、教師の長時間労働が社会問題とされるようになってきましたが、子どもたちのほうがはるかにブラックです。」

1日は24時間で限られています。子どもたちの自由時間や睡眠時間を削ってまで無理するのはいかがなものでしょうか。

◎部活動には、多様な経験を奪う側面と保障をする側面の両方がある

ややこしいのですが、**部活動は、子どもが多様な経験を積む時間を奪ってしまう危険性をもつ一方で、多くの子どもにかなり平等に、勉強以外の貴重な機会を与えている効果もあります**。

部活では、遠征費やユニフォーム代などを除き、学校教育の中で行われている限り、指導料や楽器代などの家計負担はかかりません。中学校や高校から部活をなくしてしまい、すべて地域のスポーツクラブや習い事などとしてしまったら、経済的に余裕のある子どもしかそうした体験ができなくなります（ただし、学校が運営する現状の部活動も競技等によっては相当な家計負担が生じており、事実上貧困家庭は参加できていない現実もあります）。

多くの子どもに安価にスポーツや文化芸術に触れる機会を提供しているという点が、教育課程外でありながらも、学校が部活を手放しにくい、あるいは手放さないほうがよいと考える人も多い理由の一つです。

とはいえ、

◇今のままの部活数が本当に必要なのか（**もっと持続可能な運営になるように精選・縮小できないか**）。

◇大会で優秀な成績を修めることなど、勝利に価値を置きすぎていないか。もっと趣味的に楽しむ部活が多くてもよいのではないか。

◇活動時間や休養日の設定は適切か。
◇**部活以外の活動、たとえば、地域との連携などを通じて多様な経験を子どもが積むようにすることも大事**ではないか。
などの検討が必要不可欠です。

(1) 小室淑恵「方法を間違えると『労働時間削減』は簡単に失敗する」日経DUAL記事(2014年5月22日)http://dual.nikkei.co.jp/article.aspx?id=2310&page=1 2016年11月7日確認
(2) 松丸正「運動部顧問の教師、長時間勤務の下での過労死」『季刊教育法』2016年6月、「朝日新聞」2015年3月5日
(3)「京都新聞」2018年3月2日
(4) 平日の学校での勤務が11時間と自宅持ち帰りが45分だとして、残業はおよそ4時間。休日は1時間だとして、平日5日、休日2日のサイクルで30日(平日22日、休日8日)とすると、残業時間は月96時間となります。
(5) TALISでは、何時間くらい、なにに費やしたかをアンケートで調査しています。この方法ですと、きちんと毎日記録したものではなく、教師の主観と記憶に依存しますので、多少あやふやなところはありますが、傾向を知ることはできます。
(6) 厳密に言うと、二つの可能性が示唆されます。一つ目は、授業準備や事務に熱心に取り組んでいる教師は、そのために総労働時間も長くなっているという可能性です(本文で指摘したとおり)。もう一つは、もともとダラダラ仕事する傾向のある、生産性の低い教員は、授業準備や事務に時間がかかっているという可能性です。
(7) 出口治明氏へのインタビュー記事 https://style.nikkei.com/article/DGXMZO19821970Z00C17A8000000
(8) クリス・マチェズニー他(2016)(竹村富士徳訳)『実行の4つの規律——行動を変容し、継続性を徹底する』、キングベアー出版
(9) より詳しくは拙著『「先生が忙しすぎる」をあきらめない』もご覧ください。
(10) 愛知教育大学・北海道教育大学・東京学芸大学・大阪教育大学(2016)『教員の仕事と意識に関する調査』。これは、全国の小学校教員1、482人、中学校教員1、753人、高校教員2、138人に調査した比較的規模の大きなものです(管理職は対象外)。

(11) わたしは、「社会とつながりのある教育課程」と言い換えたほうが理解しやすいと思います。つまり、地域に出て学習したり、地域のものを教材にしたり、社会で活躍するさまざまなゲストティーチャーを呼んだりして、授業で社会とのつながりを強めていくということが基本になります。そして、教育課程と言っているわけですから、単に各教員の授業で工夫をするというレベルにとどまらないで、学年縦断で地域連携の授業をステップアップしていく道筋をつけたり、教科横断で取り組むことを実践したりすることも大事になってきます。詳しくは次の巻で扱う予定です。

(12) 一例として、教職員のあいだの協力関係への影響も考えられます。「早く帰る人は生徒のことにあまり熱心とは言えない先生」、「長く一生懸命働いているのが生徒思いのよい先生」といったレッテルを貼ってしまうことで、協力・連携関係にヒビが入りかねません。

(13) 東京大学の次のサイトを参考にしました。http://www.u-tokyo.ac.jp/public/public01_200425_j.html（２０１７年６月26日確認）

(14) 河合薫「追いつめられる教師――「子どもがかわいそう」という呪いの言葉――」（ヤフー記事）https://news.yahoo.co.jp/byline/kawaikaoru/20161212-00065401/

(15) 宗像恒次・椎谷淳二「中学校教師の燃え尽き状態の心理社会的背景」「精神衛生研究33」１９８６年、土居健郎監修『燃えつき症候群』１９８８年（金剛出版）

(16) 長沼豊学習院大学教授はＮＨＫの解説番組の中で、部活動による長時間労働の要因のひとつとして、「教員間の同調圧力」を挙げています。

(17) 「毎日新聞」２０１６年４月25日

(18) 内田良「部活の強制入部 やめるべき 『自主的な活動』に全員参加の矛盾」（２０１８年１月８日ヤフー記事）https://news.yahoo.co.jp/byline/ryouchida/20180108-00080233/

(19) 中澤篤史（２０１７）『そろそろ、部活のこれからを話しませんか 未来のための部活講義』（大月書店）も読みやすく、大変参考になります。

(20) 日本部活動学会第１回大会（２０１８年３月25日）での小野田正利教授のコメント。

(21) 内田良「拡がる教員の部活指導義務 『全員顧問制度』の拡大とその背景に迫る」（２０１７年６月18日ヤフー記事）https://news.yahoo.co.jp/byline/ryouchida/20170618-00072247/、内田良（２０１８）『ブラック部活動 子どもと先生の苦しみに向き合う』（東洋館出版社）。

(22) このアイデアは千代田区麹町中学校の工藤勇一校長から聞いたことです。

第Ⅱ巻のおわりに

――働き方改革とモチベーション・マネジメントの進め方

本書をお読みいただいた方（あとがきを先に読んで、本文はこれからという方も）、ありがとうございました。ここでは、本書全体を要約しておきたいと思います。

「第1章　教職員を動かすにはなにが必要か」では、教職員のモチベーション（働く意欲）を上げる方法について取り上げました。各種調査によると教職員の多くはやりがいを感じていますが、これはモチベーションの氷山の一角を把握しているにすぎません。

【ケース№００６：先生になろうと思ったときのこと】では、なぜ教師になろうと思ったのか、なぜ続けているのかという**原点を再確認することが、志を呼び戻し、内発的な動機付けにもつながる**ことを見てきました。

教職員のモチベーションを高めていくことと密接にかかわるのが、人材育成です。この章ではフィードバックが重要となっている背景と技術についても具体的に解説しました。若手は急増しているにもかかわらず、教頭職らが人材育成に時間がとれていない現状では、どんどん悪循環になります。**ときには厳しいことも具体的に伝え**ながら、成長を支援していくことが、管理職の役割として大きくなっています。

「第2章　あなたの学校は〝チーム〟になっているか？」では、【ケースNo.007：こうして静かにチームは壊れていく】を通じて、学校が〝チーム〟になるには何が必要だろうか、考えました。〝チーム〟と〝グループ〟とのちがい、サッカー日本代表の元監督の岡田武史さんの経営術などから、目標の共有とコミュニケーションの重要性に注目しました。ケースにもあるように、**放っておくと、学校はコミュニケーション不足になりやすい**のです。

こうした教職員チームの要となるのは、〝教える人の頭〟という漢字が示すとおり、教頭らです。しかし、【ケースNo.008：副校長・教頭の魅力って……】で見たように、もっとも多忙で、かつ自身の役割が見えづらくなっている職が副校長・教頭でもあります。元気な教頭等と悩める教頭等とのちがいはどこにあるのか、校長としてはどんなことに注意しないといけないかについてもいくつか提案しました。学び続ける教職員集団、アクティブ・ラーナーを育てる副校長・教頭が増えてほしいと思います。

「第3章　忙しすぎる学校」は、もっとも深刻な問題、教職員の長時間労働についてです。【ケースNo.009：ちょっと私からは口出しできないかな】を通じて問いかけたのは、**学校は〝相互不干渉〟になっていないか**、学年がちがうから、事務職員だからなどの理由で壁をつくっていないか、ということです。児童・生徒との関係や保護者とのかかわりについて1人で悩むなか、心が折れてしまう先生、そして、なかなか悩みを話しづらいという職場は少なくないのではないでしょうか。

このケースには、教師の仕事を減らすこと、業務改善についても考えるヒントがあります。教材づくりや提出物チェック、研究授業など身近なところも含めて、丁寧すぎはしないか、限れた時間で何にウエートを置くべきか、**学校の当たり前を見直していく**ことを提案しました。

とはいえ、学校現場では「子どもたちのために一生懸命、丁寧に仕事をすることの何が悪いんだ？　働き方改革なんて言われても、しっくりこない」という反応もあろうかと思います。

わたしは、教職員向けの講演・研修ではこうお答えしています。「いくら前向きで一生懸命でも、健康や命が危ないケースが実際にあります。ご自身のことをもっと大切になさってください」。

そこで、【ケース№010：熱血教師の過労死】では、26歳の若さで亡くなった前田大仁さんの実話をもとに、多くの教員が過労死ラインを超えるほどの働き過ぎである実態の問題点を分析しました。いまの働き方、生き方でよいのか、少しでも立ち止まって考えてほしいと思います。勤務時間を正確に把握、記録したうえで、限られた時間で一定の教育効果を上げていくという、**〝時間対効果〟を意識した働き方に転換していく**必要があります。

しかしながら、多くの学校で業務改善や働き方改革はうまく進捗しているわけではありません。【ケース№011：業務改善ってなに？】では、なぜ、業務改善等はうまくいかないのか、考えました。その理由の一つは、竜巻の日々のように、目の前の子どもたちのことで手一杯なことが多い学校現場では、働き方改革はついつい緊急性の低いものとして後回しにされ続けるからです。

その気持ちと実情はわかりますが、わたしは、過労死が起きていること一つとっても、働き方改革は緊急性が非常に高いと考えています。そのため、このケースでは、長時間労働の影響について詳しく見てきました。**授業準備や自己研鑽の時間が減ることや、〝熱血教師にとってしか働きやすい〟職場ではいけない**ことなどについてです。

いまある仕事の仕方を見直すだけの改善では十分ではありません。やめる、減らす、統合することも進めていかなくては、過労死ラインを超えるこの長時間労働は解消しません。

【ケース№012：生徒指導力のあったベテラン教師の過労自殺】では、約20年前に起きたことを題材に、いまに通じる重い教訓を考えました。「子どもたちのためになる」、「児童生徒のためになることは精一杯やりたい」という**善意、献身性が、教師のやりがいでもある反面、教師を追い詰めてしまう**ことにもつながります。

そして、この10年、20年で多くの学校が長時間やるようになった、過熱化したものの一つが、部活動です。【ケース№013：桐島先生、部活顧問やめるってよ】では、部活動は生徒の自主的な活動であり、生徒や教師に強制するのは学習指導要領からしても筋ちがいであることを確認しました。また、**部活動には大きな教育効果があるかもしれませんが、その効果ばかりを重視するのも危険**であること、部活動以外の活動でもそのねらいを推進していくことは可能であることも考えていく必要があります。部活動改革として、具体的に3点提案しました。

全体を通してみると、お気づきになった読者もいらっしゃると思います。便宜上、章は分けましたが、モチベーション・マネジメント、人材育成、チーム学校とチームビルディング（チームづくり）、働き方改革・業務改善、これらは相互に密接に関連しています。AI時代を生き抜く子どもたちのために、教育の質をさらに上げていこうというのが新指導要領の理念ですが、そのためには、教職員のモチベーションを維持、高めていくことと、人材育成していくことはもちろん大切ですが、そうした**やりがいと個々人の成長だけを頼りにするのは危険である**ということも考えておく必要があります。学校が組織、チームとして強くなっていくこと、また教職員にもっと時間と生活のゆとりを生み出していかなければ、よりよい教育にはなりません。

本書のタイトルに立ち返りましょう。『**先生がつぶれる学校、先生がいきる学校**』。〝つぶれる〟というキツイ表現、煽り文句みたいなのを採用するのは、正直迷いました。ですが、本書で取り上げたように、熱心な先生の過労死や過労自殺が何件も起きていますし、不本意にも休職・退職を余儀なくされる方もたくさんいます。〝つぶれる〟というよりは〝つぶしている〟のかもしれません。それは第一義には経営を預かる校長、第二には設置者である教育委員会らの責任も重いのですが、わたしたちも、**献身的な先生たちについついたくさんのことを期待し、教育効果ばかりに目を向け、**

先生たちの健康や時間は有限であるということを過小評価してきたことの反省をするときがきていると思います。働き方改革とは「**教師の命を守る**プロジェクト」でもあるのですから。

では、あなたにとって「先生がいきる学校」とはどのような学校でしょうか?

本書を参考に、ぜひ主体的、対話的にアイデアを交換できればと思いますが、わたしは、**「働きがいがあり、かつ働きやすい学校」**であると思います。どちらか一方ではダメ。なるべく多様な価値観や事情(育児・介護など含め)をもつ多くの方にとって、モチベーションを高められ、健康で、思いきり活躍できる学校、それから、過去からの反省・教訓をしっかりとらえて、さまざまな人の知恵とアイデアを活かし、学び続ける学校が増えてほしいと思っています。

このごろ毎日のように、わたしは全国各地を飛び回り、「働きがいがあり、働きやすい学校」を広げる活動をしています。わたし自身も仕事と家事・育児との両立は試行錯誤と挑戦の日々ですし、実は本書の随所にも、子育て経験や子どもの学校とのかかわりが活きています。

読者のみなさんにもお会いできるのを楽しみにしています。それから、このシリーズはもう数巻発表したいと思っています。リーダーシップや地域、企業等との協働をテーマに。本書の感想等をいただければ、わたし自身のモチベーションアップにつながります!

2018年7月

夏休みが始まり、子どもたちのお昼ごはんを思案中の日に

妹尾　昌俊

著者紹介

妹尾 昌俊

（せのお・まさとし）

教育研究家、
学校マネジメント
コンサルタント

京都大学大学院修了後、野村総合研究所を経て、2016年から独立。文部科学省、全国各地の教育委員会・校長会等で、組織マネジメントや学校改善、業務改善、地域協働等をテーマに研修講師を務めている。
学校業務改善アドバイザー（文部科学省、埼玉県、横浜市ほか）、中央教育審議会「学校における働き方改革特別部会」委員、スポーツ庁ならびに文化庁において、部活動のガイドラインに関する有識者会議の委員も務める。NPO法人「まちと学校のみらい」理事としても活躍。
主な著書に『変わる学校、変わらない学校』（学事出版）、『「先生が忙しすぎる」をあきらめない――半径3mからの本気の学校改善』（教育開発研究所）。

ヤフーニュース個人オーサー：
https://news.yahoo.co.jp/byline/senoomasatoshi/
mail: senoom879@gmail.com
blog: http://senoom.hateblo.jp/
twitter: https://twitter.com/senoo8masatoshi
本書facebook page: https://www.facebook.com/kawarugakkou/

変わる学校、変わらない学校　実践編【II】

先生がつぶれる学校、先生がいきる学校

働き方改革とモチベーション・マネジメント

2018年 8月31日　初版発行
2019年 4月12日　第3刷発行

著　者　妹尾　昌俊
発行人　安部　英行
発行所　学事出版株式会社
〒101-0021
東京都千代田区外神田2-2-3
電話　03-3255-5471
HPアドレス　http://www.gakuji.co.jp/

編集担当　二井　豪
デザイン　田口亜子
編集協力　上田　宙（烏有書林）
印刷・製本　電算印刷株式会社

ISBN 978-4-7619-2499-7　C3037　Printed in Japan